»EINGEWANDERTE WÖRTER«

Eine Auswahl der schönsten Beiträge zum internationalen Wettbewerb »Wörter mit Migrationshintergrund – das beste eingewanderte Wort«

Mit Illustrationen von Marie Marcks

Herausgegeben von Prof. Dr. Jutta Limbach

GOETHE-INSTITUT

»EINGEWANDERTE WÖRTER«

Hueber Verlag

INHALT

Foto: Goethe-Institut

WÖRTER MIT MIGRATIONSHINTERGRUND

Wie viel Freude das Erkunden der eigenen Sprache machen kann, davon berichtet dieses Buch. Denn es nimmt den Leser mit auf eine Entdeckungsreise. Eine Entdeckungsreise zu den Ursprüngen unserer Sprache, zumindest eines Teils davon. Wie bereits der Titel verrät, handelt es sich um deutsche »Wörter mit Migrationshintergrund«.

Sprachen sind keine starren Konstrukte, ebenso wenig wie die Menschen, die sie benutzen. Wir reisen in ferne Länder, tauschen Ideen und Erfahrungen oder auch Güter und Waren über den gesamten Globus aus. Was früher die abenteuerliche Reise mit der Kutsche war, ist heute der transkulturelle Dialog oder das Internet. Aber stets gilt: Wir lernen Neues kennen. Wir entwickeln uns weiter. Und mit uns unsere Sprache.

Und so kommt es, dass so manch ein Edelstein in Wortgestalt unsere Sprache ziert, den wir aus anderen Sprachen übernommen haben, den wir aufgenommen haben in unsere Sprache. Die Gründe hierfür sind so vielfältig wie die Menschen, die sie benutzen. Für die einen ist es der schöne oder geheimnisvolle Klang, die anderen geben dem eingewanderten Wort den Vorzug, weil es die treffendere Beschreibung liefert. Wiederum andere fasziniert schlicht der Reiz des Neuen. Dieses Buch erzählt von eben diesen Gefühlen.

Mit der weltweiten Förderung der deutschen Sprache bewegt sich das Goethe-Institut in einem Feld, das von einer Vielfalt unterschiedlichster Sprachen geprägt ist. Auf einem Feld, in dem die einzelnen Nationen auch ihre Sprache zu Markte tragen. Sprachen sind dabei immer auch Träger und Ausdruck kultureller Identität. Der Erhalt dieser Sprachenvielfalt und die Förderung von Mehrsprachigkeit sind daher unser ureigenstes Interesse.

Der Reichtum, der damit verbunden ist, spiegelt sich vielgestaltig auch in unserem Wettbewerb wider: Es sind Fundstücke aus über 40 Sprachen eingereicht worden. Und die Liste der eingereichten Wörter ist so imposant wie erstaunlich: Vom lautmalerischen Tohuwabohu über den Tollpatsch bis hin zur Hängematte.

Sicher, es mag sich dabei das eine oder andere überflüssige Modewort mit eingeschmuggelt haben, doch sollten wir Gelassenheit wahren. Davon, wie gut sich diese eingewanderten Wörter in unseren Sprachgebrauch integriert haben, vermag folgender Vorschlag ein beredtes Zeugnis abzulegen: So erhielten wir das Wort »Trainer« mit der Begründung: »Ausschlaggebend für meine Wahl war die Bemerkung eines Bekannten, als wir über Anglizismen in der deutschen Sprache redeten. Er meinte dazu, man müsse doch jetzt nicht jeden Trainer ›Coach‹ nennen. Dass das Wort ›Trainer‹ ebenfalls englisch ist, war ihm nicht mehr bewusst.«

Überhaupt erfahren die eingewanderten Wörter große Wertschätzung: Das Motto unseres Wettbewerbs aufgreifend, erhielten wir so manches Plädoyer: »Schokolade heißt auf Nahuatl ›xocolatl‹. Dieses Wort ist in viele Sprachen eingewandert. Man weiß gar nicht, dass es aus einer altmexikanischen Sprache gekommen ist, und denkt, es sei deutsch. Ein Wort für solch eine Köstlichkeit muss hierbleiben und darf nicht abgeschoben werden.«

Unserem Aufruf folgend, hat sich auch die Jugend auf die Suche begeben, jedoch ganz andere Maßstäbe angelegt: »Cool« (»ist doch cool«) oder auch »chillen« sind hier die Favoriten. Jugend und Erwachsene gleichermaßen hat das »Handy« fasziniert: »Handy täuscht die Einwanderung lediglich vor – das aber charmant und konsequent, finde ich. Man kommt ihm so leicht nicht auf die Schliche, und es gibt Anlass zu interkulturellen Lachern«.

Die etymologische Spurensuche sei hierzu den Experten überlassen. Glaubt man jedoch den sich häufenden Berichten, dass das »Handy« unterdessen vermehrt in Städten der amerikanischen Westküste zu hören sei, so ist das »Handy« ein, wie ich finde, schönes Zeugnis für den lebendigen Austausch der Sprachen untereinander.

Wenn es uns also mit diesem Wettbewerb wie mit unseren früheren Wettbewerben um das schönste deutsche Wort und die ausgewanderten Wörter gelungen ist, die Begeisterung für die Schönheit und Ausdrucksvielfalt unserer Sprache zu wecken, so haben wir unser Ziel erreicht.

Mein bestes eingewandertes Wort ist, wenn Sie mir dies als Juristin erlauben, die »Fairness«. Es handelt sich hierbei auch um einen Begriff, für den wir im Deutschen kein wirklich passendes Äquivalent haben. Das beweist schon die Tatsache, dass dieses Wort in deutschen Lexika mit »Fairness« übersetzt wird, nur eben im Vergleich zum englischen Wort mit großem »F« geschrieben. Erst an zweiter Stelle nennt mein elektronisches Wörterbuch »Gerechtigkeit« als Übersetzung.

Ich wünsche Ihnen viel Vergnügen beim Schmökern, bei Ihrer Entdeckungsreise in unsere deutsche Sprache.

Prof. Dr. Jutta Limbach, Präsidentin des Goethe-Instituts

Job
Flyer Par-
ty Flair fair Bar clever
Allee Gage Jury Alibi
Festival Kampagne
Büro Fitness Tabu
Kiosk Prali- ne Zoff
Kuli Laptop Magie Feuille-
ton Allianz Chance Vernissage charmant
Kaffee Dessert Abonnement Baguette
blümerant Manege Champagner Deli-
katesse Parcours Dessous Gag Dol-
metscher Garderobe Reportage
Gentleman Genie Zoff Restau-
rant Gitarre Hitparade Revanche
Horde Ingenieur Toilette Resultat
Tollpatsch Veranda T-Shirt Affäre
Pumps Garage Dschungel Py-
jama Medaille flirten Parterre
Nuance Paparazzi Bar Ape-
ritif Parfum petzen Plädoyer
Portemonnaie Kaffee Joghurt
Gage Pullover Amateur Ma-
nagement Budget Visi-
tenkarte Deo Werbe-
spot Techtelmechtel
Ketchup flirten Mis-
sionar recyceln Allee
Regisseur Buffet cle-
ver Bar Regime Bistro
Reisenecessaire Ser-
vice Praline Shampoo
Marketing flirten Bar
Smoking Deo Flyer
Party Flair Amateur
Veranda Deo Inge-
nieur Gage Baguette
blümerant Kaffee
Flair Tabu Cham-
pagner Parcours
Dessous Kiosk
Dolmet- scher
Abon- nement
derobe Repor-
tleman Genie
tarre Hit- parade
Regime Ingeni-
ampagne Dschungel Büro
ltat Allianz Manage- ment
age ch nege ert
at A re Abon ment ollpatsch
Pum s Garage F illeto Py- jama Medaille
Nuance Delikat se Pa araz Flair Aperitif Parfum
yer Po Am eur ghurt Gage Pullover udget
ecl pot ht mec el K chup Missionar recy eln A
fet ever ir Bist Rei necessaire Service aline ham-
rk ng S Job yer rty Flair fair Bar clev Ga Abonne-

Job
Party Flair fair

»EINGEWANDERTE WÖRTER«

Eine Auswahl der schönsten Beiträge zum internationalen Wettbewerb »Wörter mit Migrationshintergrund – das beste eingewanderte Wort«

Mit Illustrationen von Marie Marcks

Tohuwabohu

AUS DEM HEBRÄISCHEN

Das Wort »Tohuwabohu« ist möglicherweise das älteste Migrationswort der deutschen Sprache. Es stammt aus dem Hebräischen und ist im ersten Buch Mose (um 1250 v. Chr.) zu finden. Es heißt dort (Mos. 1,2): »Im Anfang schuf Gott Himmel und Erde, und die Erde war wüst und leer.« Tohu wa bohu (phonetische Umschrift des Hebräischen) bedeutet »das Wüste« (tohu) »und« (wa) »die Leere« (bohu).

Ab wann der Begriff mit der Bedeutung Chaos, völlige Unordnung, Durcheinander, Wirrwarr in die deutsche Sprache aufgenommen wurde, konnte ich nicht herausfinden. Vielleicht erst, als Luther die Bibel ins Deutsche übersetzte.

Mir gefällt am Wort »Tohuwabohu« seine stark lautmalerische Prägung. Es klingt wie ein stolperndes, sinnloses Gemenge von Konsonanten und Vokalen, und da man sich seine Bedeutung durch Assoziationen nicht erschließen kann, folgt dem Sprachdurcheinander auch die Sinnverwirrung. Der verstörende Höreindruck entspricht demnach der Wortbedeutung »Chaos«. Hat man sich aber das Wort angeeignet, ist es dem Gedächtnis fest eingegraben. Es ist so ungewöhnlich, dass es als zitierbarer schräger Sprachvogel stets verfügbar ist.

Gerhard Dabrowski, Lüdinghausen

Tohuwabohu

AUS DEM HEBRÄISCHEN

Mir hat das Wort so gefallen, weil es so schön und geheimnisvoll klingt. Außerdem finde ich es faszinierend, dass in dem Wort »Tohuwabohu« ein ganzer hebräischer Satz steckt. Nämlich »Die Erde war wüst und leer«. So hat Luther das Wort in der Bibel übersetzt. Ich finde aber, es hört sich nach totalem Durcheinander an. Ungefähr so, wie es in meinem Zimmer aussieht.

Hannah Kirchner, 12 Jahre, Berlin

TOHUWABOHU
CURRY

Tohuwabohu

AUS DEM HEBRÄISCHEN

Als Vater zweier Kinder (7 und 8) habe ich eine besondere Affinität zu diesem Wort, weil mir der beschriebene Gegenstand so wohlvertraut ist. Das gilt sowohl im konkreten Sinne, wie man ein Tohuwabohu eben im Kinderzimmer oder Wohnzimmer antrifft, als auch im übertragenen Sinne, den man erlebt, wenn man mal wieder für vier Personen gleichzeitig denkt und plant. Dabei hat das Wort einen viel sympathischeren Klang als »Unordnung«, »Chaos« oder »Durcheinander«. Jedenfalls kann – nach meinem Gefühl – das Wort »Tohuwabohu« ein Durcheinander beschreiben, ohne es zu kritisieren.

Martin Müller, Augsburg

Tohuwabohu

AUS DEM HEBRÄISCHEN

Früher dachte ich immer, das Wort »Tohuwabohu« sei indianisch. Ich stellte mir immer eine Horde Indianer vor, die um ein Feuer tanzten und dabei »Tohuwabohu« sangen. Als ich herausfand, dass dieses Wort hebräisch ist, war ich ziemlich enttäuscht. Trotzdem finde ich, dass dieses das schönste, nicht ursprünglich deutsche Wort ist, welches wir kennen, weil es so schön nach einem Wirrwarr tönt. Als nicht Hebräisch Sprechende klingt es für mich wie ein Durcheinander von Silben, die zufälligerweise in dieser Reihenfolge auftreten. Es heißt ja eigentlich »wüst und leer« (tohu-va-vohu), wird aber ab und zu auch als »Chaos« oder »Durcheinander« übersetzt. Und das ist das Wort ja auch: Tohuwabohu.

Silvana Bachmann, 15 Jahre, Winterthur, Schweiz

Chaos

SIEGER

AUS DEM GRIECHISCHEN

Mein bestes eingewandertes Wort ist Chaos. Das ganz Besondere daran: Es steht für etwas, das schon vor der Entstehung der Welt da war!

Im Altgriechischen bedeutete das Wort »leerer Raum«. Schon die alten Griechen waren sich aber nicht ganz einig, was sollte es sein?

Laut Hesiod gab es da einen »gähnenden Abgrund«, laut Platon ein »wüstes Durcheinander« (gefunden in: Kluge, Etymologisches Wörterbuch der deutschen Sprache). Das fing ja gut an mit unserer Welt; was daraus geworden ist, das sieht man ja ...

Was mir am besten an dem Wort Chaos gefällt, ist, dass es sowohl in seiner ursprünglichen als auch in seiner heutigen Bedeutung die verschiedenen Zustände meines Zimmer beschreiben kann. Wie kann das sein?!
Als ich mein Zimmer im Dachgeschoss bezog, befand es sich in seinem Ursprungszustand – ein leerer Raum. In kürzester Zeit hat es sich der heutigen Bedeutung des Wortes angepasst: wüstes Durcheinander!

Jedes Aufräumen entspricht einer lebendigen Etymologie des Wortes, wenn im Schnelldurchgang aus dem wüsten Durcheinander ein (fast) leerer, zumindest ziemlich geordneter Raum wird. Der Vorgang läuft jedoch, aus unerklärlicher Ursache, in umgekehrter Richtung mindestens ebenso schnell ab – mein Zimmer stellt also einen universellen (Teufels)kreis dar!

Mit der Chaosforschung und der Chaostheorie habe ich mich noch nicht allzu viel beschäftigt, ich weiß nur, dass es vermutlich nicht sonderlich viel mit dem Durcheinander in meinem Zimmer zu tun haben kann. Außerdem genügt mir jetzt schon, was nach 10 Jahren Schule in meinem 16-jährigen Kopf gelegentlich abgeht. Da feiere ich, zur Entspannung, lieber meine ganz privaten Chaos-Tage, auch ohne Alkohol, Drogen und Randale. Und chaotische Systeme brauche ich nicht in der Mathematik oder Physik zu suchen, ein Blick in meinen Rucksack oder auf meinen Schreibtisch genügt ...

Und damit schließt sich der Kreis meiner Begründung, warum nur »Chaos« mein bestes eingewandertes Wort sein kann.

Sandro Plonka, 15 Jahre, Vogtsburg

GEWINNER DES JUGEND-WETTBEWERBS

Schlamassel

AUS DEM JIDDISCHEN

Ja, ja, Cappuccino, Laptop, Fitness ..., alles schön und gut. Nicht wegzudenken, aktuell – und in aller Munde. Aber auch modisch und irgendwie glatt. Nichts, was im Ohr oder im Mund, beim Hören oder Sprechen kitzelt oder erregt, »das hat kein' Sex«. Und schon gar nicht lassen sich diese Wörter mit Verve und Feuer, mit großer Geste und Mimik in den Raum oder die Diskussion werfen, sind alles Wörter mit Migrationshintergrund, aber oft eher vorder- als hintergründig.

Und das ist der Schlamassel! Hoppla, »Schlamassel«, das klingt gut, das könnte es sein! Und obendrein sieht es gut aus und jeder kennt es, ein lautmalerischer Klassiker, aber nicht überstrapaziert. Obwohl wir doch alle hin und wieder drinstecken, die Börse, die Parteien, die Fußballnationalmannschaft. Und was uns im Laufe eines Lebens alles vermasselt wird, nicht zuletzt durch uns selbst. Und wenn er denn passiert, der Schlamassel, dann kann man dieses Wort so schön sagen, wehleidig, wütend und mit viel Wucht. (Kein Wunder, dass Massel = Glück bei Weitem nicht so attraktiv ist).

Bei »Schlamassel« schwingt so viel mit, und schon beim Gedanken an dieses jiddische Wort verzieht man unfreiwillig das Gesicht, leidet und hat das Trostpflaster schon parat, indem man es ausspricht.

Und was sagt die Jury angesichts der vielen eingereichten Vorschläge und der Schwierigkeit, sich zu entscheiden? »Da ham wa den Schlamassel.«

Franz Kaut, Aachen

Larifari

AUS DEM ITALIENISCHEN

Dies schöne Wort ist leider aus der Mode gekommen – heute ruft man einem Deppen nur ein knappes »Unsinn!« zu. Oder man rät dem polternden Schwätzer, mit dem Blödsinn aufzuhören. Larifari erklärt aber am allerbesten, dass ein Depp, so er denn wieder einmal daherredet, seinem Mund und seiner Nase Töne entlockt.

Laut dem Fremdwörterlexikon ist der Unsinn aus den italienischen Tonbezeichnungen la, re, fa und re gemacht. Ich hatte es eigentlich immer für einen urdeutschen Ausruf gehalten, weil es echt und urtümlich klingt. Neulich schrie ein Mann bei meinem Anblick »Nonsens«. Er erläuterte mir, dass er sich auf ein Interview bezog, in dem ich von meiner Abscheu vor französischen Bulldoggen sprach. Nun liebe ich aber Möpse und französische Bulldoggen. Es war ein Missverständnis, ich konnte ihn nicht besänftigen, und da sagte ich ihm, das wäre doch alles Larifari. Er lachte und lud mich zum Spätzleessen ein. Das Larifari bringt die Menschen zusammen.

Feridun Zaimoglu, Schriftsteller

erschienen in
WELT KOMPAKT

Zebra

AUS DEM ALTSPANISCHEN

Mein liebstes eingewandertes Wort ist gleichzeitig die Bezeichnung eines ungemein erfrischend-originellen Steppenpferdes namens Zebra. Der Begriff kam über das Altspanische ins Deutsche, wo »cebra« für »Wildesel« oder »Wildpferd« stand. Nun ist ein solches Zebra nicht nur ungemein schön anzusehen, man kann es auch gut mit einer Sprache vergleichen. Denn ist das Zebra nun ein Schimmel mit schwarzen oder ein Rappe mit weißen Streifen? Man weiß es nicht.

Genau so nimmt eine Sprache Neuheiten auf und besteht bald nur noch aus Wörtern, die einmal fremd waren, aber irgendwann als heimisch gelten. Sie heißen dann nicht mehr Fremd-, sondern Lehnwörter. Und eigentlich kann niemand mehr so recht sagen, was heimisch und was fremd sein soll.

Ja, unsere Sprache ist – allen gelegentlichen Unkenrufen zum Trotz – auch ein richtig schickes Zebra. Wie aus schwarzen und weißen Streifen ergibt sich eine immer modische und höchst interessante internationale Mischung, die die Sprache nie eintönig werden lässt.

Dem Zebra selbst ist all das reichlich egal. Es freut sich nur, dass es mit seinem Fell nicht mehr von den lästigen Mücken gestochen wird. Nichtsdestotrotz möchte ich also hiermit voller Inbrunst für das Wort »Zebra« als bestes eingewandertes Wort plädieren.

Moritz Greenman, München

Murmel

AUS DEM GRIECHISCHEN

Ich mag das Wort, weil es sich so schön anhört. Irgendwie schön rund und bunt wie die Schusser, mit denen ich früher gerne gespielt habe. Außerdem denke ich dabei immer an die putzigen Murmeltiere.

Raoul Kirchner, 8 Jahre, Berlin

Jaguar
AUS DEM GUARANÍ

In Guaraní heißt »jaguá« Hund. Das im Deutschen unter dem Namen Jaguar bekannte Tier wird in der Guaraní-Sprache als »jaguarete« bezeichnet. Das Suffix »-rete« ist übersetzbar mit »wirklich, richtig, echt«. Aus »jaguarete« wurde der Jaguar. Meines Erachtens ist im Zeitalter der degenerierten Schoßhündchen, die man einkleidet und zum Friseur schickt, um danach mit ihnen im selben Bett zu schlafen, ganz klar ein Bedürfnis nach richtigen Hunden vorhanden (die dann auch gleich mit diesen Pseudo-Ratten aufräumen könnten). Ich jedenfalls ginge gerne mit einem Jaguar Gassi! Abgesehen davon gefällt mir das Wort, weil in unseren Breitengraden kaum jemand weiß, dass es die Sprache Guaraní überhaupt gibt, geschweige denn, dass sie in Paraguay (neben Spanisch) sogar offizielle Landessprache ist. Dies ist für eine indigene Sprache eine durchaus beachtliche – weil äußerst seltene – Karriere. Es ist doch schön, dass sich etwas davon klammheimlich in unseren Sprachgebrauch eingeschlichen hat!

Julia Joos, Bern, Schweiz

Paradies
AUS DEM MITTELPERSISCHEN

Wer möchte schon nicht im Paradies leben! An diesem wunderschönen Ort, wo Bäche von Milch und Honig fließen, wo die ersten Menschen – zumindest ein paar Jahre lang – glücklich und zufrieden lebten, wo Löwen und Antilopen friedlich nebeneinanderliegen, wo Apfelbäume wachsen, auf deren Äste sich mitunter sprechende Schlangen hängen. Da der Mensch vor langer Zeit aus dem Paradies vertrieben worden ist, hat er heute nur noch vage Vorstellungen davon, wie es wirklich ausgesehen hat. Die alten Griechen waren jener Zeit noch etwas näher.

> Sie nannten das Paradies »paradeisos«, was »Tiergarten, Park« bedeutet. Eine Art Zoo also; das würde die Löwen, Antilopen und Schlangen erklären. Unserer Vorstellung des ewigen Glücks im ewigen Leben würde dies aber einen kleinen Knacks geben. Endgültig aus mit der Träumerei ist es aber, wenn wir den Ursprung von »paradeisos« übersetzen. Die Griechen haben ihr »paradeisos« aus dem Mittelpersischen übernommen. »Pardez« hieß es dort oder in awestischer Sprache »pairi-daeza«. Dass dies ins Deutsche übersetzt »Einzäunung« bedeutet, sollten wir einfach ignorieren … – und uns über die schönen Träume freuen, welche das deutsche Wort »Paradies« in uns hervorruft.
>
> *Judith Ladner Callipari, Rom, Italien*

Bikini

AUS DEM POLYNESISCHEN

Weil dieses Wort im herrlichen erotischen Dreiklang keine Alternative im Deutschen hat und weil dieses Wort seine Herkunft sehr genau bezeichnet! So will ich doch einmal nachsehen, ob es das Bikini-Atoll noch gibt! Nicht dass die Wörter deshalb einwandern, weil ihre Heimat verglüht wurde?

Winfried Klemm, Chemnitz

todschick

AUS DEM FRANZÖSISCHEN

Ein Wort mit Migrationshintergrund par excellence!

Das beste und schönste eingewanderte Wort ist für mich (als gebürtiger Franzose und seinerzeit mittelloser Einwanderer!) »todschick«.

Was ist am Tod schon so »schick«? Nämlich gar nichts. »Todschick« stammt eigentlich aus dem Französischen, hat mit dem Tod absolut nichts zu tun, sondern mit dem Gegenteil, mit Lebenslust (und Lebensleistung) und elegant gekleideten, charmanten Französinnen und Franzosen, die in Berlin damals beim Volk als »tout chic« galten. Wer waren diese Einwanderer?

Man schreibt das Jahr 1710. Damals war jeder fünfte Berliner ein Hugenotte. Berlin bzw. Brandenburg bot den in Frankreich verfolgten Protestanten Zuflucht. Diese gebildeten und fleißigen Franzosen kamen meist vollkommen mittellos an, mit der Zeit aber errichteten sie zahlreiche Manufakturen, brachten auch technische Innovationen ins Land und führten sogar in Brandenburg-Preußen über 40 neue Berufe (z. B. Uhrmacher, Goldschmied und Wollweber) ein. Ohne sie wäre damals die Textilindustrie völlig undenkbar gewesen. Diese Intellektuellen gründeten ein auch von gebildeten Berlinern stark frequentiertes französisches Gymnasium, und französische Sprache und Kultur kamen alsbald und sozusagen in Mode. Sehr schnell nahm das Berliner Volk französische Sprachelemente in sein Vokabular auf, wie z. B. »Muckefuck« (mocca faux) oder »blümerant« (bleu mourant, also ein mattes Blau). Aber auch aus der französischen Mode wurden viele Wörter übernommen, z. B. Manschette, Negligé, Taille usw.

Ach! Diese eleganten Französinnen und Franzosen! Gestern die Hugenotten, die eine stets starke französische Tradition nach Berlin brachten, und heute die Fortsetzung dieser weltweit bewunderten Tradition in der Modewelt von Dior, Lacroix, Yves Saint-Laurent, Chanel etc. Eben todschick und immer quicklebendig!
Pierre Sommet, Krefeld

in

AUS DEM ENGLISCHEN

Muss man doch einfach sein!

Mechthild Rusbüldt, Hanau

salopp

AUS DEM FRANZÖSISCHEN

Als Franzose war ich schockiert zu hören,
dass ich salopp angezogen bin.
»Une salope« ist auf Französisch eine Drecksau!

Claude Mathé, Dortmund

Must have
AUS DEM ENGLISCHEN

Das eingewanderte Wort, das mir am besten gefällt, ist »Must have«. In der Modewelt ist dieser Begriff unverzichtbar! Kein deutsches Wort beschreibt so passend und kurz einen Trend, an dem man nicht vorbeikommt. Es sind zwei Worte, die von Designern geliebt werden, denn jeder Kreative möchte, dass seine Entwürfe die »Must haves« der Saison werden!

Sonja Kiefer, Modedesignerin

erschienen in
WELT KOMPAKT

Chapeau
AUS DEM FRANZÖSISCHEN

»Chapeau« – Ich ziehe meinen Hut vor dir.

Für mich ist das beste eingewanderte Wort das Wort »Chapeau«, denn es füllt eine ansonsten im Deutschen bestehende Lücke im zwischenmenschlichen Umgang. Es gibt uns die Möglichkeit, jemand anderen zu würdigen, ihm zu vermitteln, dass man ihn sehr positiv wahrgenommen hat. Dass man begeistert ist.

Im Gegensatz zu »Respekt« (auch kein deutsches Wort …) impliziert das Wort »Chapeau« viel mehr Würde und Stolz. Es klingt nach weniger Unterwürfigkeit und zeugt viel eher von echter Freude und Anerkennung gegenüber einer anderen Person oder seiner Leistung. Jemand, der zumindest wörtlich seinen Hut vor jemand anderem zieht, drückt damit Überraschung aus, aber eben kein Erstaunen, so als habe er eigentlich gar nicht an ein Ergebnis oder ein Verhalten geglaubt.

So wurde eine Lücke in der deutschen Sprache geschlossen. Eingewanderte Wörter vermögen dies. Auch deutsche Wörter füllen in vielen Sprachen Bedeutungslücken oder geben ihren Sprechern die Möglichkeit, etwas genau auf den Punkt zu bringen. Sprachen beeinflussen sich gegenseitig. Sie unterliegen einem Entwicklungsprozess und sind keine starren Gebilde. Sprachen sind oftmals viel biegsamer und toleranter als ihre Sprecher und haben uns in diesem Sinne etwas voraus. Daher ziehe ich meinen Hut vor den Sprachen dieser Welt – Chapeau!

Alma Reuter, München

shoppen (Shopping)

AUS DEM ENGLISCHEN

Ich habe dieses Wort gewählt, weil es im Deutschen für mich eine Lücke füllt: Fragt mich jemand, ob wir shoppen gehen, weiß ich, dass derjenige keine Lebensmittel mit mir »einkaufen« möchte. Das deutsche Wort »einkaufen« setzt man mit dem Zusammentragen von notwendigen Dingen gleich, »shoppen« jedoch meint die mehr oder weniger entspannte Suche, Jagd etc. nach einem Kleidungsstück, einem Stehrumchen oder was es sonst noch so gibt, außer eben Lebensmittel. Niemand geht Lebensmittel »shoppen«, sondern eben »einkaufen«. Man sagt im Sprachgebrauch nicht zur Freundin: »Ich gehe zu Karstadt einkaufen«, weil sie mich dann in der Lebensmittelabteilung suchen würde, sondern eben »Ich gehe zu Karstadt shoppen«, dann treffen wir uns ganz sicher in einer der vielen anderen Abteilungen.

Silke Herold, Neuenhagen

Shopping

AUS DEM ENGLISCHEN/AMERIKANISCHEN ENGLISCH

Das in unserer Sprache genutzte Wort »Shopping« leitet sich ab vom englischen »shop« (Geschäft, Laden) und wird wohl noch gar nicht so lange aktiv benutzt. Obwohl es dafür offenbar gar keine deutschsprachige Definition gibt, bedeutet es schlichtweg »einkaufen gehen«. Wir verbinden damit allerdings nicht nur das schlichte Besorgen von Ware für den täglichen Bedarf, das mit dem Wort »einkaufen« gemeinhin verbunden ist, sondern denken dabei an einen in einer gewissen Hochstimmung vorgenommenen Akt des luxuriösen Eintauchens in eine Welt des manchmal berauschenden Konsums fernab von tatsächlich lebensnotwendigen Dingen.

Für mich ist das Wort »Shopping« auf zweifache Weise bedeutend geworden. Ausgesprochen von meiner Frau, folgt einem anfänglichen Schaudern der auf der Stirn austretende Angstschweiß – ausgelöst vom Gedanken an volle Kaufhäuser, »Shoppingcenter«, ewiges Warten vor Umkleidekabinen, endloses Ausprobieren von Parfums und das Schleppen von Tüten und Beuteln jeglichen Formats –, dann allerdings der befreiende Gedanke an den anschließenden Cafébesuch.

Edgar Maier, Ebern

Necessaire

AUS DEM FRANZÖSISCHEN

Necessaire, man muss es sich auf der Zunge zergehen lassen, langsam aussprechen und den Klang der Wortmelodie genießen. Welch ein Wort für eine solch profane Bedeutung. Wie man etwas Notwendiges, unabdingbar Erforderliches so nett verpacken kann, das können nur die Franzosen. Vor 30 Jahren bereiteten mein Mann und ich als Frischverliebte unsere erste Urlaubsfahrt vor. Er fragte mich, ob ich das Necessaire schon eingepackt hätte. Ich stutzte, weil ich mit diesem Begriff in diesem Zusammenhang zu der Zeit nichts anfangen konnte, obwohl ich Französisch in der Schule gelernt hatte. Schließlich erkannte ich, dass er ein einfaches »Fingernageletui« meinte – so wurde es bei uns in der Familie bezeichnet. Ein Aufbewahrungsgegenstand oder ein Behälter für Utensilien, mit denen man sich den Dreck unter den Fingernägeln wegmacht, erhält den klangvollen Namen Necessaire!!! Unglaublich, welche Lebenseinstellung dahintersteckt!!! Seitdem benutze ich auch dieses wunderbare eingewanderte Wort stets mit einem Schmunzeln und dem Genuss der Klangfarbe horchend.

Lilo Haffke, Dietzenbach

Boutique

AUS DEM FRANZÖSISCHEN

Ich denke, dass »Boutique« sich einfach eleganter anhört als »Laden« oder »Geschäft«. Man stellt sich einfach etwas Dekoratives, ein französisch, gut eingerichtetes »Geschäft« vor.

Louisa Toepfer, 17 Jahre, Berlin

etepetete

AUS DEM FRANZÖSISCHEN

Für meinen Vorschlag »etepetete« gibt es drei Gründe:

1. Ich bin mit »etepetete« groß geworden … Als Kind wurde ich oft so bezeichnet, weil mir vieles nicht schmeckte und manches nicht passte. Höre oder lese ich heute »etepetete«, so laufen vor meinem geistigen Auge einige lustige Szenen ab und die Stimme meiner Mutter klingt mir in den Ohren.

2. »Etepetete« ist in seiner heutigen Bedeutung (anspruchsvoll, heikel, ein Mensch gezierten, steifen Benehmens) ein wunderbares Beispiel für den Bedeutungswandel von Wörtern im Lauf der Zeit, denn ursprünglich bedeutet »être, peut-être« »kann sein, vielleicht« – bezeichnet also ein eher zurückhaltendes, abwägendes Verhalten.

3. »Etepetete« ist unübersetzbar, nur umschreibbar. »Etepetete sein« könnte man auf Englisch mit »to be prim and proper« umschreiben. Auf Spanisch habe ich schon »repipi« gehört. Nichts jedoch ersetzt das leicht nasalierte »etepetete« – und schließe ich meine Augen, sehe ich sofort krause Näschen und hochgezogene Augenbrauen …

Claudia Römmelt, Curitiba, Brasilien

Snob

AUS DEM LATEINISCHEN/ENGLISCHEN*

An den renommierten englischen Universitäten waren in der Eingangshalle alle Studenten mit ihren Adelstiteln aufgelistet. Bis im Commonwealth immer mehr nicht adelige Kaufleute und Unternehmer zu genügend Geld kamen, um ihre Söhne auch auf diese Universitäten zu schicken. Diese standen dann mit »sine nobilitate« (ohne Adel) auf der Liste. Geld ohne blaues Blut = Snob!

Martin Schnetzer, Belfaux, Schweiz

* Diese Herkunft des Wortes ist wissenschaftlich nicht zweifelsfrei belegt.

Schal

AUS DEM ENGLISCHEN (SHAWL), URSPRÜNGLICH AUS DEM PERSISCHEN

Unwahrscheinlich ist, dass nicht ein jeder von uns mindestens einen, wenn nicht gar mehrere Exemplare dieses langen, schmalen Halstuches besitzt. Aus Wolle, Seide oder Kunstgarn, fein gewebt, gewirkt oder selbst gestrickt, kunterbunt gemustert oder einfarbig ruhig, schlingt es sich um den Hals seines Trägers. Dabei ist es ihm, dem Schal, egal, zu wem dieser Nacken gehört, Hauptsache Körpernähe. So lässt er auch alles mit sich machen, ob locker drapiert oder mit Knoten gebändigt, wärmend oder schmückend, alles ist ihm recht.

Und woher kommt er, dieser anpassungsfähige, vielseitig begabte Begleiter und Helfer? Nun, aus England hat er sich auf einem Schiff zu Beginn des 18. Jahrhunderts zu uns gewagt, wo ihn die fröstelnden, manchmal auch steifnackigen Deutschen sehr freundlich empfingen. Als etwas schwierig fanden sie jedoch seinen englischen Namen. Klang der »shawl« doch wie geschrieben gesprochen nicht eher wie eine verbogene »Schaufel«?

Aber eben sehr willkommen in deutschen Landen, fiel der Fremde den Leuten buchstäblich um den Hals, ließ sich recht schnell integrieren und bekam als »Schal« die »deutsche Rechtschreibungs-Wörterschaft«.

Und so ist er einer von uns geworden und erlangte sogar hohes Ansehen als Wahrzeichen einiger Prominenz. Denn, was wäre Berlins Bürgermeister Walter Momper schließlich ohne seinen roten Wollschal gewesen? Wie wären die Lieder von Johannes Heesters ohne weißen Seidenschal um den Hals aus seiner Kehle geflossen? Und wie könnten die Fußballfans ohne die langen, bunten Klubschals ihren Sieger bejubeln?

Alles wäre ein Nichts! Nicht nur in der Sache, nein, auch unsere Sprache hätte ein großes Loch und alle müssten sich stattdessen wieder mit dem knappen, viereckigen, urdeutschen »Halstuch« begnügen.

Sörrine Winkler, Ottobrunn

Anorak

AUS DEM INUKTITUT (SPRACHE DER INUIT)

Ich mag ihn.
Hab ihn schon immer gemocht.
Schon von klein auf.
Und auch heute noch ist er bereits für die Kleinsten Selbstverständlichkeit.
Wenn's nach draußen ins Freie geht, dann nur mit ihm.
Na ja, nicht im Sommer, wenn die Sonne heiß vom Himmel scheint.
Aber sonst in allen Jahreszeiten. Und der Winter, das ist sein Element!
In den Kindergärten hängt er dann reihenweise an den Garderobenhaken.
In allen Farben. Mit Watte- oder Teddyfutter.
Manchmal ziert ein Pelzstreifen den Kapuzenrand.
Webpelz ist das hier und heute.
Dabei weiß ich, dass dieser Streifen Pelz lebensnotwendiger Bestandteil ist,
dort, wo er herkommt. Weil der verhindert, dass die Atemluft sich gefroren
niederschlägt und Erfrierungen im Gesicht verursacht.
Bei uns geht's auch ohne Pelz.
Aber nicht ohne Kapuze.
Die Kapuze ist sein Markenzeichen.
Und der Reißverschluss. Zipp. Ruck, zuck zu.
Obwohl das Original den nicht gekannt hat.
Dem Wind keine Chance geben, durchzudringen, war oberstes Gebot.
Keine Öffnung zu viel! Nur ein Durchschlupf für den Kopf.
Wir sind heute bequemer.
Dinge verändern sich, doch der Kern bleibt:
Bei Wind und Wetter draußen sein,
sich frei bewegen können und dabei geschützt sein:
Dafür steht er.
Vertraut von Kindheit an.
Und doch schwingt in seinem Klang auch heute immer noch
der Ruf von Freiheit, Wildnis, Abenteuer.

Geht mir doch weg mit euren Regencapes,
Windblousons und Outdoorjacken!
Ich steh auf Anorak.

H. Bode, Leopoldshöhe

Pullover

AUS DEM ENGLISCHEN

Der PEEEEP ist ein Kleidungsstück. Wenn man PEEEEP ins Deutsche übersetzen will, hat man ein Problem. Die direkte Übersetzung »Überzieher« wird schon von einem anderen Gegenstand in Anspruch genommen und wenn ein Sprecher – meist älteren Semesters – dieses Wort doch dafür gebraucht, führt das unweigerlich zu verhaltenen Lachern.

Aber wie nenn ich den PEEEEP, wenn ich mal aus irgendeinem Grund partout kein eingewandertes Wort nutzen will? »Jacke ohne Öffnung vorne« könnte den gewünschten Erfolg beim Tabuspielen bringen, aber wer würde das im Alltag sagen? Außerdem kommt die »Jacke« aus dem Französischen. Sweater geht nicht, auch eingewandert, Oberteil vielleicht? Der PEEEEP ist unzweifelhaft ein Oberteil, aber sind das nicht das T-Shirt, der Sport-BH und das Netzhemd auch?

Der PEEEEP kann aus Baumwolle sein, aus Wolle oder Fleece, geringelt, bestickt, einfarbig, mit Dreiviertelarm oder wunderbar ausgeleiert über die Hände gezogen, mit oder ohne Kapuze oder mit oder ohne Kragen getragen. Stellen Sie sich mal einen Winter ohne PEEEEP vor.

Das ist ja nicht zum Aushalten!
'n Pulli halt.

Eva-Marie von Blücher, München

Dessous

AUS DEM FRANZÖSISCHEN

Weil auf Deutsch ausgesprochen kein Franzose mehr dieses Wort erkennt, genau wie vom Inhalt her ein Deutscher seine Partnerin nicht mehr erkennt, wenn sie reizvolle, pikante Unterwäsche nach französischer Mode trägt. Darüber hinaus hat das Wort eine erotische Ausstrahlung sowohl vom Klang her als auch vom Sinn: »Was sich darunter verbirgt …«

Hubert Zapp, Sarreguemines, Frankreich

Dessous

AUS DEM FRANZÖSISCHEN

Es gibt nicht viele Wörter, die mit wenigen Buchstaben so sehr den Atem des »Verruchten« in sich tragen. Wer es ausspricht, denkt – vielleicht als Vorahnung? – (auch) an schöne Körperformen, die je nach Gestalt des Dessous versteckt oder betont werden. Ein Stück französische Lebensart klingt mit an – und die Assoziation an Paris als Stadt der Lebensfreude und der Liebe schwingt mit. Das Wort verleiht der Fantasie Flügel und lässt sich mit viel Hingabe aussprechen, auch mit Hintersinn. Nicht nur Verliebte gehen bei dem Wort gern auf Gedankenreise. Ein großes Wort für zumeist nur sehr wenig Stoff. Auch wenn der Duden von »Damenunterwäsche« spricht.

Kerstin Schreiber, Fürstenwalde

Negligé

AUS DEM FRANZÖSISCHEN

Dieses Beispiel beweist, wie sehr in deutschen Landen französische Wörter ihren Reiz steigern. Negligé bedeutet in der Ursprungssprache verhüllend so viel wie »das Nachlässige«. Wir kennen das ja ebenfalls, zu Hause laufen wir ja auch im Schlabberlook, Jogginganzug, Pyjama oder Adamskostüm herum, das Negligé kennen wir allerdings nur als neckisch elegantes und aufreizendes Damennachthemdchen. Gemeinsam mit dem ebenfalls aus Frankreich stammenden Dessous (»Darunter«) vertrieb es Liebestöter aller Art aus deutschen Schlafzimmern. Die beiden konnten allerdings in letzter Zeit dem Geburtenrückgang auch keinen Einhalt mehr gebieten – aber das ist wieder eine ganz andere Geschichte.

Florian Mayr, St. Valentin, Österreich

Pantoffel

AUS DEM FRANZÖSISCHEN

Was wäre die deutsche Gemütlichkeit ohne das französische Pantöffelchen? Lautlos schlurft das lila Samtpantöffelchen mit dem Federschmuck an der vorderen Spitze durch das heimische Wohnzimmer. Das derbere Modell aus Filz gleitet mit uns durch die Schlösser der Welt. Wir genießen das Pantoffelkino – schön, besonders, wenn es draußen stürmt und schneit. Nur den Pantoffelhelden kann man nicht beneiden – oder doch? Ich weiß nicht, wie wir in der deutschen Sprachen ohne die Pantoffeln auskommen könnten.

Astrid May, Berlin

Sex

AUS DEM ENGLISCHEN

Je nachdem, wie man das Wort ausspricht, drückt es schon einiges aus. Während meine Mutter es höchstens mit stimmhaftem s am Anfang aussprechen würde, klingt es mit stimmlosem s schon geradezu sexy. Und je stimmloser das s ist, umso mehr lässt sich dieses Empfinden noch steigern. Ebenfalls interessant ist der Bedeutungswandel, dem es unterworfen ist. In der ursprünglichen Bedeutung von »Geschlecht« die natürlichste Sache der Welt, die grundlegende Unterscheidung verschiedener Menschen auf der ganzen Welt. In der heutigen Bedeutung existiert es immerhin schon seit 1929. Erst später kam es nach Deutschland, wo es den Begriff »Geschlechtsverkehr« in verschiedenen Bereichen verdrängte. So liegen also Welten zwischen dem medizinischen Begriff, der bei Google auf eine Million Seiten kommt, und seinem sexy Vetter aus den USA, der es auf die doppelte Anzahl von Treffern bringt. Der Unterschied? Geschlechtsakt, Koitus, Kopulation, Kohabitation und Beischlaf sind Voraussetzung für eine Schwangerschaft, Ursache diverser Krankheiten, Quell diverser Funktionsstörungen, also etwas, das Verheiratete ca. 5- bis 8-mal im Monat haben. Heißer, wilder, leidenschaftlicher, zügelloser, extatischer und atemberaubender SEX dagegen bestimmt unser Leben. Zumindest wenn man dem Internet Glauben schenken mag …

Stephan Friess, Augsburg

Sex

AUS DEM ENGLISCHEN

Suchen Sie ein Einwanderungswort,
das ist praktisch, kurz und bündig
wurd' ich dieses einen fündig.
und das nicht nur, weil es beileib'
steht für einen höchst interessanten Zeitvertreib,
sondern weil es auch nicht zuletzt ein
Kehlverdreher-Zungenbrecher-Schnellsprechspruch-Wort ersetzt,
und mich erinnert wie ich meine erste Freundin hatt',
und hatt' mit ihr ein Stelldichein (Rendezvous, Date) in unserer Stadt,
und am Ende schüchtern, stockend, stotternd hab ich sie gefragt,
ob eh … Ge-schlechtsverkehr sie mit mir haben möcht',
und was verärgert hat sie gefaucht: »Was, was quatschst du da von geh,
von schlecht und von verkehrt?«
Hätt' ich stattdessen »Sag, Spätzchen, wie wär's mit Sex?«
ins Ohr ihr gehaucht, hätt' sie wohl gleich mitgekriegt, was ich im Sinne hatt',
und ich hätte nicht all diese er-örternden, er-röt-end-eren,
Romantik tötenden (Spezifizierungen, Klarifizierungen)
Erläuterungen gebraucht.

Hans Zürcher, Spruce Grove, Kanada

One-Night-Stand

AUS DEM ENGLISCHEN

Eines der besten in die deutsche Sprache eingewanderten Wörter ist meiner Meinung nach der One-Night-Stand. Dieses Wort kommt aus dem Englischen, und es gefällt mir, weil es ein klares Konzept bezeichnet. Laut Duden bedeutet das Wort: »flüchtiges sexuelles Abenteuer für eine einzige Nacht«.

One-Night-Stand ist ein relativ neues Wort der deutschen Sprache. Wahrscheinlich gab es die Notwendigkeit, ein neues Wort zu benutzen, das eine neue Art von Beziehungen bezeichnet, d. h., dass es vorher in der deutschen Sprache keine Bezeichnung gab für dieses Konzept. Die Sprache ist gezwungen, sich stets zu erneuern, und wenn innerhalb derselben keine eigenen Mittel zur Bezeichnung zu finden sind, sucht sie diese in den am nächsten liegenden Fremdsprachen, in diesem konkreten Fall im Englischen.

Das Konzept One-Night-Stand ist mit der Landflucht der Bewohner vom Land in die Städte verbunden. Man bricht mit der traditionellen Idee der Heirat als der einzig möglichen Beziehung zwischen Mann und Frau, und es entstehen andere Arten von Beziehungen. Es ist als Symbol zu sehen für die Kurzlebigkeit und die schnellen Veränderungen der modernen Gesellschaft. Außerdem kann es als Symbol betrachtet werden für die Emanzipation der Geschlechter sowie für einen offeneren Umgang mit sexuellen Tabus.

Das Wort wurde von Jugendlichen als ein »normales Wort« akzeptiert, und in der gesprochenen Sprache ist es sehr gebräuchlich.

Blanca Villanueva Gómez, Salamanca, Spanien

Fantasie

AUS DEM GRIECHISCHEN

Das Wort »Fantasie« drückt so viel aus und fordert zugleich, uns auszudrücken. Fantasie ist Fähigkeit und Ergebnis. Eine fantasievolle Gesellschaft ist reich an Gedanken, Worten und Werken. Fantasie fordert Kreativität und Einbildung. Sie ist eine Schöpfung des Geistes, die Vorstellungskraft, weshalb ich das Wort für mich vor alle anderen eingewanderten Wörter stelle.

Mit etwas Fantasie würden wir heute nicht allzu leichtfertig in die englische Lehnwortkiste greifen, zumal es dann auch noch falsch übersetzt wird und so große Probleme auftauchen. (Warum sollte es fantasievoll »Zug zum Flug« heißen, wenn »Rail & Fly« tatsächlich für »Schimpfen und Fliegen« steht? Man stelle sich ein »Public Viewing« unter der tatsächlichen Bedeutung der »öffentlichen Leichenschau« vor.
Mit etwas Fantasie würden wir das Handy als »Händi« schreiben und von Hand ableiten oder frei aus dem Schwäbischen von »Ja hän die kei Schnur?« entlehnen.)
Fantasie ist also der Schlüssel, mit dem ein Volk seine Sprache aufschließen kann, denn »Die Sprache ist die Seele eines Volkes«.

In einer Fantasie liegt Musik, formal ungebunden, frei improvisiert, ein Instrumentalstück, liedartig, stimmungsvoll oder traurig. Das Wort selbst ist Dur und Moll, wenn es in der griechischen Bedeutung neben der Vorstellungsgabe sogar gespenstisch erscheint.

Das Wort schmeckt mir einfach – nicht nur, weil ich gerade eine Tüte Phantasia nasche. Damit sei genug fantasiert. Es wäre jedoch fantastisch, wenn Sie sich meiner Wahl anschließen könnten.

Markus Hiegemann v. Rotenburg, Brilon

Der Kreative Prozess (weiblich) I
Imagination
Prä ..... prä ..... Präparation .....
..... Präparation
Inspiration
Proviant!
...... Inspira ..... Frustration
Inkubation
Frustration ......
Wieder vergessen, aus der Kirche auszutreten
Inkubation
Inkubation
Frust ....
Bitte den Oberkirchenrat!
Inspiration

Der Kreative Prozess (männlich). I
Frei nach Paul Matussek 1962
Konzipiert
engagiert
konzentriert
Wieso Kleben hier Nudeln an der Tapete??
Spagetti bolognese. Aber WIR waren's nicht
kontrolliert
irritiert —
(Kleinkariert)
Stop doch endlich diesen Vandalismus!
Wie soll man bei so einer katastrophalen Situation eine IDEE Kriegen?
Grotesk ist das!
kritisiert
enerviert
konsterniert
ANTIK
anvisiert
ausprobiert
repariert

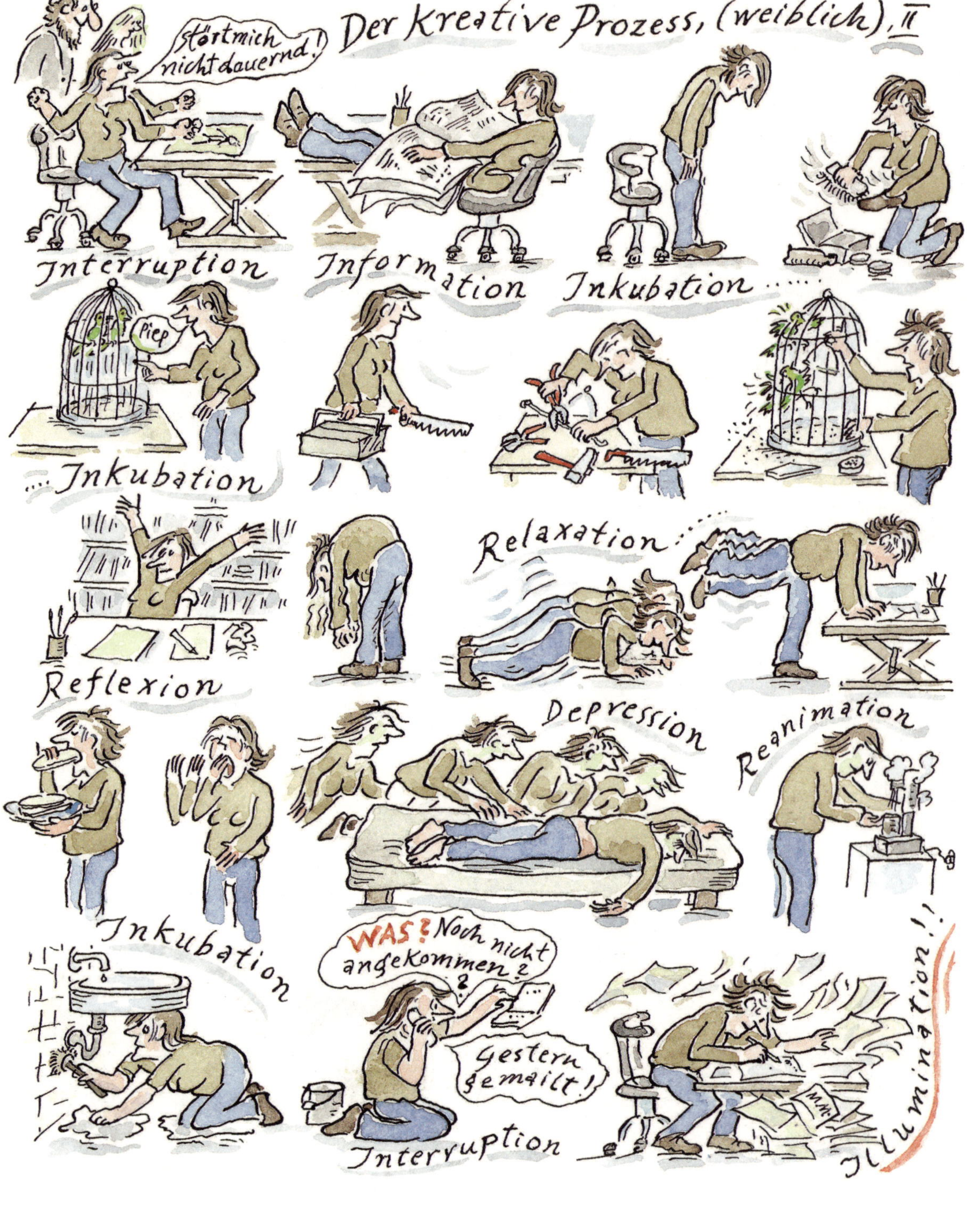
Der Kreative Prozess, (weiblich), II
Störtmich nichtdauernd!
Interruption
Information
Inkubation .....
Piep
.... Inkubation
Reflexion
Relaxation
Depression
Reanimation
Inkubation
WAS? Noch nicht angekommen?
Gestern gemailt!
Interruption
Illumination!!

Der kreative Prozess (männlich) II
inspiziert
coupiert
kastriert
telefoniert
kommuniziert
integriert + notiert
animiert
Wo bleibst du denn Wir sind doch zum Dinner eingeladen
Lunch, Brunch und n'Drink...
resigniert
eskaliert
kannst du diesen Bullshit nicht canceln?
explodiert
pikiert
euphorisiert!
M.M.

mutterseelenallein

AUS DEM FRANZÖSISCHEN: »MOI TOUT SEUL«*

Eine Mischung aus Poesie, Mutterwitz und Berliner Schnauze, beschreibt den Zustand der völligen Vereinsamung. Eine schöne umgangssprachliche Wortschöpfung, die sich seit zwei Jahrhunderten erfolgreich dem harten Duktus der deutschen Sprache widersetzt.

Bernd Hohlen, Augsburg

Teddy

AUS DEM ENGLISCHEN

Warum dieses das beste eingewanderte Wort ist? Weil in diesem Wort so viel Liebe steckt, Geborgenheit, Trost, Lachen, unzählige aufgesaugte Tränen und unsagbar kostbare Kindheitserinnerungen. Weil dieses Wort Freund bedeutet, der uns unser Leben lang treu begleitet, immer für uns da ist, ohne uns zu widersprechen, trotzdem gute Ratschläge erteilt und keinen Unterschied macht zwischen Kind- und Erwachsensein.

Maureen Welz, Berlin

* Diese Herkunft des Wortes ist wissenschaftlich nicht zweifelsfrei belegt.

Single

AUS DEM ENGLISCHEN

Vor dem Wort »Single« kapitulieren selbst deutsche Sprachpuristen. Oder wer hält es mit dem Fremdwörterduden und spricht von »jemandem, der – im Unterschied zum Alleinstehenden – bewusst u. willentlich allein, ohne feste äußere Bindung an einen Partner lebt aus dem Wunsch heraus, ökonomisch unabhängig u. persönlich ungebunden zu sein«? »Single« ist für mich als Übersetzerin unübersetzbar und daher ganz oben auf der Liste der eingewanderten Wörter.

Nadia Hassani, Andreas, USA

Garçonnière

AUS DEM FRANZÖSISCHEN

Ich habe als junger britischer Austauschstudent in Wien eine Garçonnière bewohnt, und das Wort hat mein damaliges Lebens- und Wohngefühl schön ausgedrückt. Zusammen mit der häufigen Anrede »Herr Doktor« haben die Österreicher mich sprachlich heimisch fühlen lassen, indem von meiner Wirklichkeit abgelenkt wurde: Student, Einzimmerwohnung, fremde Großstadt.

Thomas Bennett-Long, Puchheim

Tollpatsch

SIEGER

AUS DEM UNGARISCHEN

Dieses Wort ist viele Kilometer gelaufen und hat Grenzen überwunden. Es hat einen Fuß vor den anderen gesetzt, hat sich auf seinem weiten Weg von Ungarn nach Deutschland die Sohlen abgelaufen. Endlich am Ziel, steht das einst breitfüßige, schwerfällige Wort in deutschen Landen nur ungeschickt vor uns. Wir lachen über den Neuankömmling, aber integrieren den Migranten schnell und so konsequent, dass wir seinen Migrationshintergrund ganz vergessen haben. – »Talpas« nannte man ungarische Fußsoldaten im 17. Jahrhundert. »Breitfüßig, schwerfällig« war die Bedeutung dieses Spitznamens (ung. Talp = Sohle, Fuß).

Barbara Eulberg, Berlin

GEWINNERIN DES ERWACHSENEN-WETTBEWERBS

Gentleman

AUS DEM ENGLISCHEN

Ein Mann von Lebensart und Charakter. Ein Ehrenmann.
Begleiter einer Dame. So weit dazu das Lexikon.

Die Rede ist vom Gentleman einerseits und von seinem Bruder, dem Kavalier, andererseits. Beide bereichern sie beileibe nicht nur unsere Sprache, drückt sich doch in ihnen auch ein ganz spezifisches Welt- und Stilverständnis aus, repräsentieren sie eine in Sprache gegossene männliche Haltung, insbesondere der holden Weiblichkeit gegenüber.

In diesen Worten steht uns die sprachliche Verkörperung von Anstand, Respekt, Tugend und Edelmut gegenüber. Hier schwingen Anklänge höfischen Werbens mit, begleitet vom dezenten Duft edlen Rasierwassers und roter Rosen. Und das Kompliment als steten Begleiter im Gepäck.

In wie vielen Filmen durften wir sie bewundern, z. B. Roger Moore oder Alain Delon, mitunter wahre Bösewichte und Schurken spielend, aber stets zuvorkommend, stets charmant mit einer Prise Humor. Gentlemen eben, ganz nach dem Motto: Frauen, vergesst den Frosch, ihr wollt den Prinzen!

Wie kühl und sachlich klingt dagegen der Ehrenmann, wie oberflächlich der Playboy, wie plump der neumodische Womanizer, Letztere selbstgefällige Egomanen, lediglich ihre Trophäen zählend.

Also denn, meine Damen, bewahren wir uns unseren Gentleman, den Kavalier, lassen Sie sich von ihm ausführen, aber bitte nicht in eine Speisegaststätte, ich empfehle das Restaurant!

Kevin Arnold, München

Hallodri

AUS DEM GRIECHISCHEN: ALLÓTRIOS, »ZUM FREMDARTIGEN GEHÖRIG«

Der Hallodri kann unmöglich ein Deutscher sein! Sein Naturell widerspricht so ganz und gar dem, was wir uns unter einem echten Deutschen gemeinhin vorstellen. Er ist wenig pflichtbewusst, dafür charmant, lässt gerne mal alle fünfe grade sein, hat Humor und nimmt es auch mit der Einhaltung der vielen Regeln nicht so genau. Kurzum – ein echter Lebenskünstler, mit dem man eine Menge Spaß haben kann. Da muss sich doch der Verdacht aufdrängen: Der ist gar nicht von hier! – Er hat ja auch einen komischen Namen – klingt so nach Österreich – oder etwa Bayern?! Und genau in diesen letzten Refugien der Leichtlebigkeit hat er nahezu unbeschadet all die zutiefst hallodrifeindlichen Epochen (von der Aufklärung über die Kaiserzeit bis hin zur Postmoderne) seit seiner Einwanderung aus dem Süden (woher sonst?) überdauert. Was für ein Mann! Nur recht viel weiter als bis zum »Weißwurstäquator« hat er es nicht geschafft – schade eigentlich …

Bastienne Mues, München

Premiere

AUS DEM FRANZÖSISCHEN

Der Besuch einer ersten Aufführung wird noch begehrenswerter,
wenn sie Premiere genannt wird.

Dieter Huber, Salzburg, Österreich

Rendezvous

AUS DEM FRANZÖSISCHEN

Weil es all das Schöne, was das Leben zu bieten hat,
in einem einzigen Wort ausdrückt: Spannung, Hoffnung und Glück.

Cornelia Pohl, Rotterdam, Niederlande

Floskel

AUS DEM LATEINISCHEN

Es gibt im Deutschen den schönen Ausdruck »etwas durch die Blume sagen«. Dass sich hinter der »Floskel« (von lat. flosculus, »Blümchen«) dasselbe Bild verbirgt, ist wohl den wenigsten bewusst.

Monika Obrist, Bozen, Italien

Fisimatenten

AUS DEM FRANZÖSISCHEN*

Das Wort gibt es nicht im Singular. Wer Fisimatenten macht, dem sitzt offensichtlich richtig der Schalk im Nacken. Wie sympathisch. Ich verbinde damit ein Kind oder jemanden, der Kind geblieben ist und die herrschende Ordnung zeitweilig auf den Kopf stellt.

»Mach keine Fisimatenten«, sagte meine Oma immer, als ich noch Kind war und in meinem Gesicht sich wegen eines diebischen Lächelns zwei Grübchen bildeten und meine Augen funkelten. Sie wusste genau, wann ich Flausen im Kopf hatte. Davon abbringen konnte sie mich allerdings nicht. Schon am Klang des Wortes wusste ich, dass Fisimatenten Unsinn und kleine, scherzhafte Vergehen sind, die einem verziehen werden wie die Verhohnepiepelung der Obrigkeit zur Faschingszeit.

Die Herkunft des Wortes ist ungeklärt. Das finde ich hervorragend.
Wir haben im Deutschen ein Wort, dessen Herkunft sich der Klärung bis heute widersetzt hat. Das Wort macht Faxen. Es gibt drei gängige Vermutungen:

1. Man glaubt, das Wort »Fisimatenten« stamme aus dem 16. Jahrhundert. Zu dieser Zeit gab es die lateinische Bezeichnung »visepatentes«, die zusammengesetzt ist aus »visae patentes literae« und ein schwierig zu erlangendes Patent kennzeichnet. – Das ist zum einen langweilig bürokratisch und zum anderen was völlig anderes.
2. Man vermutet, das Wort stamme von dem mittelhochdeutschen »visamente« ab und meint »Zierrat«. Das kann schon deshalb nicht sein, weil ich, wenn ich die Ausschreibung gewinnen sollte, mit der Studiosus-Studienreise raus aus Deutschland möchte.
3. Jetzt wird es interessant, weil französisch: »Visitez ma tente« sollen nach dem Einmarsch napoleonischer Truppen in die deutschen Länder französische Offiziere hübschen Mädels zugerufen haben. Was in den Zelten geschehen sollte, das war vor allem den Müttern klar, obwohl sie kein Französisch verstanden. Mit erhobenem Zeigefinger ermahnten sie ihre Töchter, ja keine »Fisimatenten« zu machen. Jawohl, so muss es gewesen sein. Und man kann nur hoffen, dass manches schöne Mädchen sich die Flausen im Kopf bewahrt hat.

Marcus Hawel, Hannover

* Diese Herkunft des Wortes ist wissenschaftlich nicht zweifelsfrei belegt.

Fisimatenten

AUS DEM FRANZÖSISCHEN*

Als Bub las ich das Wort zum ersten Mal, ca. 1955, in einem Mickymaus-Heft, wo es von einem Mitglied der gefährlichen Panzerknackerbande verwendet wurde. Es beeindruckte mich sehr, dass ein Gangster ein mir unbekanntes, exotisches und, wie mir damals schien, gelehrtes Wort in einem äußerst banalen Kontext brauchte.

Clauspeter Scalabrin, Alten, Schweiz

Firlefanz

AUS DEM FRANZÖSISCHEN

Weil es mich an meine Oma erinnert, sie ist schon tot allerdings. Sie hat das immer zu mir gesagt, wenn ich zu lange getrödelt habe. Ich solle nicht da so einen »Firlefanz« veranstalten beim Schuheanziehen und so. Außerdem ist das Wort schon beim Aussprechen wie Firlefanz auf der Zunge.

Alexander Zilz, 12 Jahre, Bad Honnef

Fisimatenten

AUS DEM FRANZÖSISCHEN*

Weil wir bis heute nicht wissen, ob die französischen Soldaten tatsächlich ihre Tante besuchten, oder ob die »Tante« sie in ihrem Zelt besuchen sollte. Na, Sie wissen schon …

Ana-Elia Arce Santiago, Köln

Fauxpas

AUS DEM FRANZÖSISCHEN

Der Fauxpas ist ein wunderbares eingewandertes Wort, weil bei ihm der schöne Wortklang mit dem Gefühl aufsteigender Hitze kontrastiert, wenn ich wirklich einmal in den Fettnapf trete. Obwohl im Moment des Fauxpas sich vielleicht meine Kehle zuschnürt und der Adrenalinspiegel in die Höhe schießt, so verbuche ich langfristig die Fauxpas meines Lebens auf der Habenseite, weil sie Anker der Erinnerung sind und meine Mitmenschen erheitern, wenn ich davon Jahre später zu berichten weiß.

Ursula Strenge, Bordesholm

Mischpoke

AUS DEM JIDDISCHEN

Man kann in dieses Wort so schön all den Zorn und die Verstimmtheit legen, die man ab und zu gegenüber (Familien)banden empfindet.

Leonie Brunke, Hamburg

Patriarchat

Matriarchat

EINGEWANDERTE WÖRTER

Sie kommen nicht mit den Elchen über das Haff geschwommen und nicht wie der Dieb in der Nacht. Manchmal reisen sie alleine, oft aber haben sie ihre halbe Verwandtschaft im Schlepptau. Einige von ihnen bleiben auf Dauer fremd, die meisten aber richten sich im Deutschen häuslich ein und sind bald nicht mehr von ihren einheimischen Mitspielern zu unterscheiden. Es gibt auch solche, die kommen und bald danach wieder verschwinden: Wörter aus anderen Sprachen.

Wörter wandern. Deutsche Wörter wandern in andere Sprachen aus, ebenso wandern Wörter aus fremden Sprachen ins Deutsche ein. Alle Sprachen sind von solchen Wortwanderungen betroffen. Das war schon immer so, ist ganz natürlich und hat am Ende etwas mit uns, den Menschen, zu tun.

Dass der Mensch nicht dazu geschaffen ist, allein zu sein, wissen wir seit der Geschichte von Adam und Eva. Und weil der Mensch den Umgang mit Seinesgleichen sucht, kommuniziert er. Im Zeitalter fast ungebremster Mobilität und erdumspannender Kommunikation auch rund um den Globus. Dabei läuft eine Art von Handel ab: Erkenntnisse und Erfahrungen werden ausgetauscht, Meinungen dargelegt, Ideen verkündet, Probleme erörtert, Techniken erläutert, Preise verhandelt, Waren angeboten, Güter gekauft, Rezepte nachgekocht, Moden kopiert und vieles mehr. Bei jeder dieser und der unzähligen anderen zwischenmenschlichen Handlungen spielt die Sprache, das gesprochene und das geschriebene Wort, die entscheidende Rolle. So geschieht es zwangsläufig, dass über das, was faktisch getan oder worüber geredet wird, die dazugehörenden Wörter ausgetauscht werden können. Zwischenmenschlicher Kontakt bedeutet in der Regel immer auch Sprachkontakt. So ist das.

Werfen wir einen Blick über die Grenze ins benachbarte Frankreich. Dort tummelten sich im frühen Mittelalter raub- und mordsüchtig die in immer neuen Wellen aus Skandinavien einbrechenden Wikinger. Damit Ruhe einkehrt, wurden sie vom französischen König mit der heutigen Normandie (dem Land der »Nordmänner/Normannen«) belehnt und daselbst angesiedelt. Dort haben sie getan, worin sie schon in Dänemark, Norwegen und Schweden Meister waren: Sie haben Schiffe gebaut und sind zur See gefahren, worunter 1066 die Angelsachsen besonders zu leiden hatten. Die Nachfahren der Galloromanen und der Franken, die den Normannen dabei über die Schultern sahen, waren selbst keine großen Schiffbauer und Navigatoren. Sie haben diese Techniken von ihren neuen Nachbarn übernommen. So kommt es, dass das französische Wort für »Steven«, also *étrave,* auf das altnordische *stafn,* oder das Wort für »Kiel«, französisch *quille,* auf altnordisch *killir* zurückgeht. Mit der Technik wurden große Teile der Fachterminologie übernommen. Dieses Prinzip funktioniert bis heute.

Auch kulturelle Änderungsprozesse können Wortwanderungen auslösen. Im 12. Jahrhundert blickte der europäische Adel nach Okzitanien, von wo aus ein ganz neues Ideal des Rittertums seinen Siegeszug antrat. Die zeitgenössischen Minnesänger und Epiker aller Länder wetteiferten damit, dieses in der ganzen damals bekannten Welt zu verbreiten. In diesem Prozess wurden viele Wörter aus dem Französischen ins Deutsche übernommen, denen wir heute gar nicht mehr ansehen, dass sie »eingewandert« sind, so zum Beispiel das Wort *Turnier* (altfranzösisch *torn[e]ier, tourn[o]ier* = die Pferde bewegen). Neben diesen Akt der Übernahme tritt übrigens häufig ein Akt der Übersetzung, meist dann, wenn es in der eigenen Sprache Wörter gibt, die geeignet sind, den aus dem Fremden übernommenen Sachverhalt adäquat auszudrücken. So wird aus der altfranzösischen *amo[u]r corteis* im Deutschen die Minne und aus der französischen *courteisie/courtoisie* über mehrere Etappen die deutsche *Höflichkeit.*

In unseren modernen Zeiten blicken wir in vielen Dingen über den großen Teich und übernehmen von dort so manches, was unseren Alltag in der einen oder anderen Form mehr oder weniger bereichert. *Fastfood* gehört ebenso dazu wie *Hip-Hop,* ganz zu schweigen von den Errungenschaften der Informations- und Datentechnologie, die nicht nur unser tägliches Handeln, sondern eben auch unsere Sprache beeinflussen. Diese Beeinflussung ist per se nichts Negatives, führt sie doch in vielen Fällen dazu, unsere eigene Sprache im Ausdruck präziser und nuancierter zu machen. Für den Fachmann ist ein *Rechner* durchaus etwas anderes als ein *Computer,* und *Visage* ist nicht einfach ein aus dem Französischen entlehntes Synonym für *Gesicht.* Mit dem Plural Kinder assoziieren wir ggf. etwas anderes als mit dem aus dem Englischen entlehnten *Kids,* und mit dem fröhlichen Gebrauch des Wörtchens *cool* hebt sich die jüngere Generation von der älteren ab, für die in ihrer Jugend – zum großen Entsetzen von deren Eltern – alles *geil* war.

Die Wege, über die fremdsprachiges Wortgut – und nicht nur das – in unsere Sprache »eingewandert«, sind vielfältig. Ebenso unterschiedlich ist ihre Verweildauer im Deutschen wie der Grad ihrer Integration. Von daher empfiehlt es sich, »eingewanderte« Wörter differenziert zu betrachten. Auf diejenige, die schon seit vielen Jahrhunderten im Deutschen heimisch sind, wird keiner mehr verzichten wollen. Solche Kandidaten nennt die Sprachwissenschaft Lehnwörter. Sie sind nach Aussprache, Grammatik und Schreibung so sehr ins Deutsche integriert, dass sie sich von einheimischen Wörtern in nichts abheben. Lehnwörter finden sich zum Beispiel zuhauf in unserem Küchenwortschatz. Sie reichen von *Kartoffel, Tomate, Schokolade, Salat, Frikadelle* und *Roulade* bis hin zu den Wörtern für die verschiedenen Zubereitungsarten wie *flambieren, frittieren, marinieren, panieren* und andere. Wen wundert's, dass gerade Letztere fast allesamt aus dem Französischen stammen?

Bei Übernahmen jüngeren Datums ist die Integration ins deutsche Sprachsystem oft noch nicht abgeschlossen. Das führt dann zu typischen Schwierigkeiten, die nicht nur die Aussprache und die Schreibung, sondern auch die Grammatik betreffen. Wie heißt es nun: *recyceln* oder *recyclen*? Ist etwas *downgeloadet* oder *gedownloadet*? Muss man *die* oder *das* E-Mail sagen? Solche Zweifelsfälle regeln sich mit der Zeit meist von selbst.

Viele Fremdwörter sind bei Lichte betrachtet Fachwörter, gehören also in Fachsprachen wie diejenige der Biologie, der Medizin, der Politik oder eben der Küche. Als Fachwörter haben sie die Funktion, bestimmte Sachverhalte möglichst eineindeutig auszudrücken, abgesehen davon, dass das Nebeneinander eines einheimischen und eines eingewanderten Wortes die Ausdrucksmöglichkeiten erweitert, auch in stilistischer und emotionaler Hinsicht. So bleibt das fachsprachliche *Idiom* ziemlich unterkühlt, wohingegen das deutsche Synonym *Mundart* fast schon heimatliche Gefühle wecken mag. Insgesamt gesehen, ist der Anteil echter Fremdwörter in deutschen Texten relativ gering. Je nach Zählweise liegt er bei zwischen unter 10 und 20 %. In fachsprachlichen Texten kann das natürlich ganz anders aussehen.

Trotzdem bleiben die »Einwanderungen« aus fremden Sprachen vielen suspekt. Sie fürchten, dass diese »Wortmigranten« die deutsche Sprache überfremden und langfristig aushöhlen. Eine Angst, die übrigens schon im 17. und 18. Jahrhundert angesichts zahlreicher Übernahmen aus dem Französischen geäußert wurde. Damals galt der Kampf dem sogenannten Alamodewesen; heute gilt er den Anglizismen, die vielfach Amerikanismen sind. Diese Haltung ist nachvollziehbar, vor allem dann, wenn der Einsatz von Fremdwörtern nicht der allgemeinen Verständigung dient, sondern eher der Überredung und der Manipulation, wie dies zum Beispiel in der Sprache der Werbung unterstellt werden kann. Außerdem darf gerade hinsichtlich der Werbung gefragt werden, ob die englischsprachigen Versatzstücke, die dort oft vorkommen, vom Publikum überhaupt verstanden werden. *Come in and find out* – »komme herein und finde wieder hinaus«, oder doch nicht?

Gezielte Eindeutschungsversuche, wie sie schon seit dem 18. Jahrhundert unternommen worden sind, haben dabei in der Regel wenig Aussicht auf Erfolg, weil sie oft ungewollt komisch wirken, den Sachverhalt doch nicht genau treffen oder auf andere Art unpassend sind. *Dörrleiche* für *Mumie* und *Meuchelpuffer* für *Pistole* haben sich in früheren Tagen ebenso wenig durchsetzen lassen, wie es unwahrscheinlich ist, dass das Wort *Actionfilm* im allgemeinen Sprachgebrauch durch *Reißer* ersetzt werden wird. Und ein *[Go]kart* ist bei genauer Betrachtung eben doch etwas anderes als eine *Seifenkiste*.

Im Übrigen ist festzuhalten, dass Wortwanderungen nicht nur zwischen fremden Sprachen erfolgen, sondern auch innerhalb des Deutschen zu Veränderungen führen, die nicht allen gefallen. So hat sich das süddeutsche Wort *Samstag* längst in den Sprachgebrauch der in Hamburg ansässigen Tagesschau-Sprecher hineingedrängt, deren Kollegen in den Sechzigerjahren noch ganz selbstverständlich den Wetterbericht für *Sonnabend* ankündigten. Und viele Österreicher befürchten heute ein »Vertschüssen« ihrer Sprache, nachdem sich unter Jugendlichen dort das norddeutsche *tschüs[s]* mehr und mehr gegen das einheimische *servus* durchzusetzen scheint.

Am Ende wird jede Sprachgemeinschaft diejenigen »eingewanderten« Wörter adaptieren, von denen sie ausdrucksseitig einen Vorteil hat, und alles wieder abstreifen, was auf Dauer keinen sprachlichen Zusatznutzen verspricht. Insofern kann darauf vertraut werden, dass sich das System in gewisser Weise selbst reguliert.

Im Übrigen dürfen wir es mit Goethe halten, der nicht verstehen konnte, dass man ein Wort nicht gebrauchen solle, »in welchem eine andere Sprache Vieles oder Zarteres gefasst« habe, und der in »Maximen und Reflexionen« entschieden feststellt: »Die Gewalt einer Sprache ist nicht, dass sie das Fremde abweist, sondern dass sie es verschlingt.« Womit wir wieder bei der *Kartoffel* wären.

»Kein Wort steht still«, sagt Goethe auch noch. Sprachen lassen sich nicht wie Kanarienvögel in Käfige sperren. Sie entwickeln sich im zwischenmenschlichen Kontakt durch Austausch und gegenseitige Beeinflussung weiter. Im Wesentlichen ist das eine Bereicherung, von der wir profitieren. Dass wir beim Gebrauch »eingewanderter« Wörter aber auch sehr bewusst und sorgfältig vorgehen sollen, bleibt dabei unbenommen. Soll heißen, dass nicht aus jedem kleineren *Ereignis* gleich ein *Event* werden oder jeder *Treffpunkt* zum *Meetingpoint* hochstilisiert werden muss. Wir müssen es schließlich auch nicht übertreiben.

Dr. Matthias Wermke, Dudenredaktion

Schule

AUS DEM GRIECHISCHEN

Wenn ich dies doch früher schon gewusst hätte! Nur wenig Griechischkenntnisse wären nötig gewesen, um viel Ungemach von mir fernzuhalten. Ich hätte mich auf meinem Holzstuhl zurückgelehnt, die Arme verschränkt und meinen Lehrern gesagt, dass das Wort »Schule« von griechisch »Muße, Ruhe« abstammt.

Judith Ladner Callipari, Rom, Italien

menno

AUS DEM FRANZÖSISCHEN: »MAIS NON«*

»Menno« wird in Süddeutschland von Kindern und Jugendlichen als Ausruf benützt, wenn ihnen etwas missfällt.

Doris Junginger, Herrenberg

* Diese Herkunft des Wortes ist wissenschaftlich nicht zweifelsfrei belegt.

Die Leviten lesen

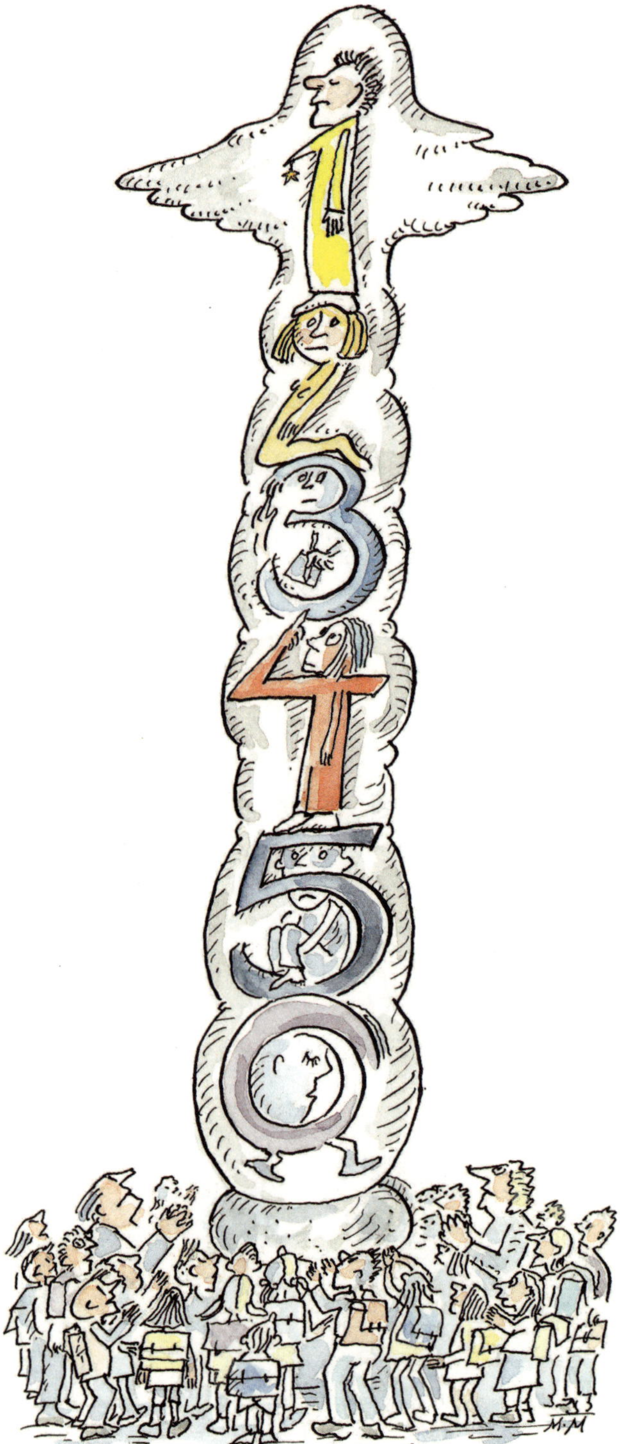

Noten-Totem

konvex

AUS DEM LATEINISCHEN

Der Spruch unseres Physikprofessors bleibt mir unvergessen: »Der Rex ist konvex.« Dabei strich er über seinen Bauch. Gemeint hat er allerdings das »Ränzlein« unseres Schuldirektors. Von da ab kannte jeder Schüler unserer Klasse den Unterschied zwischen »konvex« und »konkav«.

Hans Diebener, Kaufbeuren

Ferien

AUS DEM LATEINISCHEN

Mein Mann und ich verbrachten heuer einen Teil unseres Sommerurlaubs wieder einmal in Frankreich. Auf der Hinfahrt übernahm ich für einige Zeit das Steuer. Als ich so dahinzockelte, unseren Caravan im Rücken, meinen schnarchenden Ehemann neben mir, gingen die Gedanken spazieren und plötzlich fiel mir ein: Das Wort »Ferien« kommt doch sicher von dem französischen »faire rien«, nichts machen. Ich war ganz begeistert von meiner Entdeckung. Wieder zu Hause, belehrte mich der Blick ins Herkunftswörterbuch eines Bessren. »Ferien« kommt vom lateinischen »feriae«, Festtage, geschäftsfreie Tage, Ruhetage. Schade eigentlich! Wie nun auch immer: Weil ich Lehrerin bin, halte ich »Ferien« für das beste eingewanderte Wort und bin mir darin der Unterstützung meiner und vieler anderer Schüler sicher.

Gudrun Kestner-Stanka, Meinheim

Ferien – Ferien!

Abenteuer

AUS DEM FRANZÖSISCHEN

Ein Assimilationskünstler, dem kaum jemand seinen Migrationshintergrund ansieht.

Ludwig Englschall, Burgheim

orientieren

AUS DEM FRANZÖSISCHEN

Von frz. »s'orienter« stammt das deutsche Verb »orientieren«, das so viel heißt wie »sich zurechtfinden«, »sich umsehen«, »sich nach jemandem, nach etwas ausrichten«. Die ursprüngliche Bedeutung war, die Himmelsrichtung nach dem Aufgang der Sonne zu bestimmen. Im Osten, im Orient geht seit jeher die Sonne auf. Das wussten schon die alten Kreuzfahrer und brachten unter anderem diesen Wortimport nach Europa. Heutzutage hat sich der Spieß umgedreht, die Welt orientiert sich nicht mehr am Morgenland, sondern an den Verlockungen des Westens.

Dazu gilt es, ein Wort zu erfinden, und zwar eine Ableitung von Okzident, dem Abendland – ein neues Verb »okzidentieren«, das das Ausrichten gen Westen, in den Westen reisen, ausdrücken soll. Na, gute Nacht.
Katharina Mayr, Hofkirchen, Österreich

Trip

AUS DEM ENGLISCHEN

Das Wort deckt jede Art von Reisen, Unternehmungen ab und ist sowohl kurz als auch prägnant. Es wird generationsübergreifend verwendet. Als meine Eltern aber kürzlich von ihrem Friedhofstrip sprachen, befremdete mich dies anfangs. Beide sind nahezu 90 Jahre alt und ihr Bewegungsradius ist entsprechend eingeschränkt. Viele Verwandte und Bekannte sind bereits verstorben. Es können nur noch die Gräber besucht werden. Dabei kommt man an die frische Luft und trifft auch einige Leute. So macht ihre Enkeltochter einen Trip nach London und sie eben ihren Friedhofstrip.

Heidi Brundig, Witzenhausen

Ticket

AUS DEM ENGLISCHEN

Fahrschein, Fahrkarte, Flugschein, Parkschein, Strafzettel, Eintrittskarte. Und das alles mit sechs Buchstaben – welch eine Einsparung an Arbeitszeit und Denkleistung!

Werner Gierlich, Ludwigshafen

à

AUS DEM FRANZÖSISCHEN

»à« ist der kürzeste Immigrant der deutschen Sprachgeschichte. Und das kam so: Vor ein paar Hundert Jahren stand ein »à« am französischen Rheinufer und schaute gegen Osten. Wie es wohl hinter diesem Fluss aussehen mag, fragte sich das »à«. Kurz entschlossen suchte es nach der nächsten Brücke und gelangte zu einem Zollhaus. Vor dem Schalter standen bereits gewichtige Landsleute, welche auch in deutsche Landen emigrieren wollten. Da waren das »Portemonnaie«, die »Chaiselongue«, das »Cheminée« und das »Engagement«. Sogar einen »Bonvivant« und eine »Elegance« erspähte das »à«. Ein großes Gedränge herrschte, aber offensichtlich nur in Richtung Osten. Vor – und auch hinter – dem anderen Schalter, jenem für deutsche Emigranten, herrschte gähnende Leere. Wenn alle nach Osten wollen, muss es dort etwas Besonderes geben. So dachte sich das »à« … und gelangte unbemerkt zwischen den dicken Compatriotes hindurch auf die östliche Rheinseite. Man hätte auch ziemlich genau hinschauen müssen, um das »à« als Ausländer zu erkennen, denn sein Béret sieht einem echt deutschen Umlaut täuschend ähnlich. Schnell fand das »à« Anstellungen bei deutschen Kaufleuten. Seine Aufgabe war, sich vor Dukaten, Groschen, Gulden und weitere Münzen zu setzen. Mit dem Groschen verband das »à« eine besondere Freundschaft; denn auch der Groschen stammte aus Frankreich und hieß einstmals »Gros von Tours«. Über den Groschen lernte das »à« weitere französische Immigranten kennen, die Mode, die Diskretion, die Bonneheure. Sie trafen sich oft, aßen, tranken und rauchten miteinander, und erzählten sich Geschichten von früher. Man sieht sie auch heute oft noch Arm in Arm flanieren, als »à la mode«, »à la carte«, »à discretion«, »à la bonne heure«. Apropos: Das »à« hatte natürlich lateinische Vorfahren. Auch diese, mit Namen »a«, »ab« und »ad«, sind in die deutsche Sprache eingewandert, fast unerkannt, meist eng verschmolzen mit anderen lateinischen Immigranten. Im Gegensatz zu ihnen war das freiheitsliebende »à« eben ein echter Bohème!

Judith Ladner Callipari, Rom, Italien

vis-à-vis

AUS DEM FRANZÖSISCHEN

Eines meiner Lieblingswörter »mit Migrationshintergrund« ist »vis-à-vis«. Das liegt aber weniger am Wort selbst, sondern hängt zusammen mit der Erinnerung an meinen Großvater, den ich sehr liebte. Er verwendete oft den Ausdruck, und ich bin mir sicher, dass er gar nicht wusste, wie man ihn schreibt. Er sprach ihn nämlich deutsch, genauer gesagt: fränkisch aus.

Ein typischer Satz von ihm hörte sich dann so an: »Jetzt gehst du zum alten Glöckner, der wohnt wisserwie der Kirche.« Als Kind habe ich mir dieses »Wisserwie« angeeignet, es oft selbst gebraucht, und erst als Gymnasiast begriffen, dass sich dahinter das französische »vis-à-vis« verbirgt.

Paul Maar, Schriftsteller

erschienen in
WELT KOMPAKT

so lala

AUS DEM DEUTSCHEN/FRANZÖSISCHEN

Auf die ewige Frage »Wie geht's?« kann man unendlich viele Antworten produzieren. Ich finde aber besonders reizend die deutsch-französische lakonische Antwort »So lala!« Obwohl man eine Erläuterung des Befindens vermisst, verbirgt dieser Ausdruck eine charmante Leichtigkeit des Seins. Das deutsche »so« wird mit dem französischen, zweimal wiederholten »la«, das unter anderem auch »wie man's nimmt« bedeuten kann, zu einem umgangssprachlichen Ausdruck in der Bedeutung »einigermaßen« oder »bedingt gut« wie zufällig kombiniert. Hübsch, nicht wahr?

Tatjana Dimitrijevic, Obrenovac, Serbien

Sommelier

AUS DEM FRANZÖSISCHEN

Sommelier, das ist schon etwas. Es ist heute ein sehr angesehener Beruf, den Inhaber des Restaurants und die Gäste über das Weinangebot des Hauses zu beraten. Ursprünglich war der Sommelier, auf Deutsch Säumer, etwas ganz anderes. Ein Saumpfadführer, der erste Frächter und Spediteur über die Alpen sozusagen – der Vorläufer der Post. Mithilfe von Pferd, Maulesel oder Maultier und dank dem namensgebenden Packsattel brachte er die bestellte Ware auf unwegsamen Saumpfaden über die Alpenpässe bis zum Empfänger. Die Hauptaufgabe war es, Salz in den Süden und Wein in den Norden zu transportieren. Es schließt sich der Kreis – so hat der Wein auf Abwegen sein Vertrauen zum verwegenen Burschen gefasst und der Sommelier sein Wissen über den edlen Tropfen erworben.

Ryan Mayflower, Effolderbach, Österreich

Vielfraß

AUS DEM NORWEGISCHEN

Das Wort »Vielfraß« bezeichnete in unserer Sprache auf, so meint man, anschauliche Weise das Tier, das hinter diesem Namen steckt. Aber dies ist trügerisch. Hier wurde die altnordische Bezeichnung des Tieres einfach in die deutsche Sprache übertragen und dem Tier ein neuer Name gegeben. Ursprünglich lautete die Bezeichnung »Fjellfräs«, was so viel wie »Gebirgskatze« bedeutet. Von der Hochlandkatze zum verfressenen Tier ist schon ein beachtlicher Sprung. Amüsant ist auch, dass die Bezeichnung »Gebirgskatze« genauso falsch ist wie »Vielfraß«. Der Vielfraß gehört nämlich zu den Mardern.

Der beste Grund aber, warum dies das schönste Wort mit Migrationshintergrund darstellt, ist die Vorstellung, dass die fleißige Hausfrau ihren gut genährten Mann jetzt ruhig »Vielfraß« nennen kann und sich dann rausredet, dass dies ja eigentlich »Gebirgskatze« heißt, was ja ein vermeintlich schönerer Kosename ist.

Christian Schneider, Duisburg

Gourmet

AUS DEM FRANZÖSISCHEN

Der Gourmet ist ein Feinschmecker. Früher war er ein Gehilfe des Weinhändlers und ist später mit feinem Gusto zum selbstständigen und sachkundigen Genießer von raffinierten Speisen und Getränken aufgestiegen. Sein dickerer Bruder, der Gourmand, hat es nicht ganz zu so viel Ansehen und Bekanntheit gebracht. Er ist lediglich als Vielfraß bekannt. Etwas degoutant. Na ja, chacun à son goût.

Peter Treffner, Feldkirchen, Österreich

Slowfood

AUS DEM ENGLISCHEN

Als eine der bekanntesten Fast-Food-Ketten sich 1986 mit einer Filiale bis an die Spanische Treppe in Rom ausdehnte, protestierten viele Römerinnen und Römer mit einem außergewöhnlichen Festmahl. Sie stellten die Vorzüge einer entschleunigten, bewussten Ernährung heraus.

Die Slowfood-Bewegung war geboren und fand seither zahlreiche Anhänger auf der ganzen Welt. Ich gehöre dazu, weil Sinnlichkeit, Vernunft und Verantwortung für mich keine unversöhnlichen Gegensätze sind, sondern unbedingt zusammengehören.

Claudia Roth, Bundesvorsitzende Bündnis 90/Die Grünen

erschienen in
WELT KOMPAKT

Champignon

AUS DEM FRANZÖSISCHEN

Champignon ist das beste Essen, das es gibt. Als ich klein war, gab es immer Probleme, wenn meine Mutter Gulasch kochen wollte. Das Champignonglas war immer leer. Sie wusste schon, der Márcio hat wieder alles gegessen!!!

Oft hat mich meine Mutter verprügelt, aber trotzdem mag ich noch Champignons. Jetzt weiß meine Mutter schon: »Champignons und Márcio sind eine Liebe auf ewig.«

Márcio Pocrifka, Curitiba, Brasilien

Böfflamott

AUS DEM FRANZÖSISCHEN

Weil meine Oma allein durch den Gebrauch dieses Wortes ihrem bayerischen Esszimmer einen Hauch von französischer Küche verleihen konnte und ich bis heute noch nicht weiß, was genau das Fleisch mit Mode zu tun hat.

Thomas von Stein, München

Sandwich

AUS DEM ENGLISCHEN

Die Geschichte um den Ursprung des Wortes »Sandwich« geht angeblich zurück auf den englischen Lord Sandwich. Er war ein leidenschaftlicher Spieler, dessen Passion so weit ging, dass er kaum noch Zeit zum Essen fand. Also befahl er seinem Diener, ihm eine Mahlzeit zu bereiten, die er parallel zum Spielen einnehmen konnte, ohne dieses unterbrechen zu müssen. So kam es zu dem heute gängigen Snack, unter dem man in der Regel zwei zusammengeklappte, belegte (Weiß)brotscheiben versteht.

Matthias Juergens, Aurich

Ratatouille

AUS DEM FRANZÖSISCHEN

Erstens ist es so schön lautmalend und heißt ja eigentlich Fraß, und zweitens wurde aus diesem Fraß bei uns ein Edelmischgemüse, vermutlich weil wir alles für edel hielten, was aus der frz. Küche kommt. So können sich Wortbedeutungen mit der Zeit verschieben.

Edith Hocke, Nürnberg

bluffen

AUS DEM ENGLISCHEN

Ich finde, dass »bluffen« das beste eingewanderte Wort ist, weil es zur heutigen Zeit eigentlich jeder kennt. »Bluffen« bedeutet, besser oder stärker zu sein, als man eigentlich ist. Man kann z. B. beim Poker bluffen, indem man vorgibt, sehr gute Karten zu haben, obwohl das nicht stimmt. Glaubt der andere dies und geht raus, hat man erfolgreich geblufft.

Fabian Fetzer, 14 Jahre, Rammelsbach

Pokerface

AUS DEM AMERIKANISCHEN ENGLISCH

Ja, solch eines habe ich gleich aufgesetzt, als ich vom Wettbewerb las, denn schließlich sollte niemand auch nur annähernd erahnen können, welches Wort mir prompt hierzu eingefallen war.

Das Wort »Pokerface« beschreibt auf doch recht bizarre Weise genau dieses Thema, denn so vertraut uns die vielen Anglizismen auch sind, wir wissen doch meist nicht immer, was sich genau dahinter verbirgt, welche Wortherkunft es hat, wie wir es ggf. richtig ausspielen können, um im Wortgefecht als Sieger hervorzugehen. Aber es spiegelt zeitgleich auch unser Zeitalter wider – nachdem die Karten in bestimmten Lebenssituationen ausgespielt sind, wollen oder dürfen wir oftmals keine Emotionen zeigen, es muss alles schnell gehen, für lange Überlegungen oder gefühlsschwangere Partien bleibt da eben keine Zeit. Wir spielen gekonnt das Spiel mit und geben uns souverän und umso länger wir mitspielen, desto gekonnter setzen wir unser erprobtes Pokergesicht ein – vielleicht haben wir ja Glück und verwirren unsere Mitspieler.

Das Versteckspiel hat begonnen und wir versuchen, uns fortan von dem Buben oder der Dame nicht in die Karten gucken zu lassen, um uns geschickt aus der unbekannten Situation herauszumanövrieren – möge der Bessere gewinnen!

Erika Kirsten, Hamburg

Bulette

AUS DEM FRANZÖSISCHEN

Weil aus einem ordinären Fleischklößchen eine schicke Bulette wird! Zeigt den Hang der Berliner, sich die feine Lebensart der westlichen Metropole (Paris) zu eigen machen zu wollen, aber der »Boulette« dann doch wieder durch die deutsche Aussprache ihren Charme zu nehmen, sodass sie schließlich klanglich wieder mehr nach Fleischklößchen als nach französischer Raffinesse schmeckt.

Elke Biermann, Paris, Frankreich

Broiler

AUS DEM ENGLISCHEN

Obwohl Sie sicherlich ein Wort suchen, welches mehr Klasse, Eleganz oder Erhabenheit ausstrahlt, glaube ich, dass »Broiler« genau das Richtige für Sie ist.

Dieses Wort hat eine lange Reise hinter sich. Ursprünglich aus dem angloamerikanischen Raum stammend, machte es sich auf den Weg, über Bulgarien die DDR zu erobern, um heute schließlich in ganz Deutschland bekannt zu sein.

Natürlich klingt es besser, Sushi zu genießen, ein Croissant zu verspeisen oder einen Brunch zu bestreiten. Doch am Ende sind wir alle nur Menschen, kochen alle nur mit Wasser und freuen uns im richtigen Moment über eine Currywurst mit Pommes oder eben einen knusprigen Goldbroiler.

Juliane Kühn, Bremen

Currywurst

AUS DEM TAMIL

Ein Traumpaar: die urdeutsche »Wurst« lebt mit »Curry« in glücklicher Ehe – und das schon seit über drei Jahrzehnten! »Wurst« stammt aus altem deutschen Hause, während »Curry« aus der Tamilsprache Südindiens und Sri Lankas (karil) über das Portugiesische (caril) und das Englische (carriel [1598] à currey [1747]) nach Deutschland gezogen ist. Das Paar ist aus der deutschen Nachtszene nicht mehr wegzudenken und trotz wachsender Konkurrenz des Döners weiterhin gesund und rüstig. Mit seiner vorbildlichen, von gegenseitigem Respekt geprägten Ehe liefert es den lebendigen Beweis, dass Integration eben nicht Assimilation heißen soll.

Mark Mühlhäusler, Bad Suderode

Dönerkebab

AUS DEM TÜRKISCHEN

Mit umfangreichem Sprachschatz stärkte
man früher noch sein Renommee,
und wer sich Couch und Sofa merkte,
der wusste auch von Kanapee.

Das scheint passé. Längst gilt als trendy,
was englisch klingt. Man radebrecht
und hält sogar das Kunstwort Handy
für eingewandert und ganz echt.

Ich dachte erst an Nordic Walking.
Das führte mich zu Fitness hin.
Dann kamen Hearing mir und Talking
und Show und Highlight in den Sinn,

dazu Event und City-Center,
das Mountainbike, der Meetingpoint,
auch Laptop, Notebook, Download, Enter
und Sixpack, Doping, Shit und Joint.

Selbst Wellness oder Whirlpool kamen
mir noch als Oldie passend vor,
nur Outfit nicht und Modenamen
wie Businesswear und Fashion-Store.

Beim Grübeln ist mir unter allen
Begriffen dann als bestes Wort
der Dönerkebab eingefallen –
Migrant aus einem Türkenort.

Mal ist dabei die Kurzform Döner
für mich der klare Favorit.
Dann wieder find ich Kebab schöner,
doch beide machen Appetit.

Bruno Wendt, Michelbach/Bilz

Hamburger

AUS DEM ENGLISCHEN

Eines der besten eingewanderten Wörter ist für mich »Hamburger« (auch: ['hɛmbøːɐ̯gɐ]). Auf den ersten Blick nicht als solches erkennbar, bewegt es sich doch zwischen den Kulturen und kann sich seine äußerst unterschiedliche Erscheinungsform aussuchen: »Fischkopf« oder Fleischkloß. Man sollte schon wissen, wen bzw. was man meint.

Petra Büscher, Den Haag, Niederlande

Hot Dog

AUS DEM ENGLISCHEN

Ich finde die Theorien lustig, wie der Hot Dog entstanden ist, z. B. das Bild von dem Dackel zwischen zwei Brötchenhälften.

Simon Kuwert, 9 Jahre, Altefähr

Milchshake

SIEGER

AUS DEM ENGLISCHEN

Milchshake ist das allerbeste eingewanderte Wort! Es ist ein Sprachcocktail, der aus Englisch und Deutsch geschüttelt ist, und der zeigt, dass das Deutsche keine Berührungsängste mit anderen Sprachen hat.

Der vertraute Rohstoff Milch, den schon Babys mit auf den Weg bekommen, passt sich später – wie so vieles – an die neue, englische Sprache an.

Dazu kommt noch, dass es zu unserem Wort keine treffende deutsche Übersetzung gibt, denn wer möchte schon einen »Milchschüttler« trinken?

Klasse 8 a, Paul-Klee-Gymnasium, Gersthofen

GEWINNER DES SCHUL-WETTBEWERBS

Schokolade

AUS DEM NAHUATL (AZTEKISCH)

Schokolade heißt auf Nahuatl »xocolatl«. Dieses Wort ist in viele Sprachen eingewandert. Man weiß gar nicht, dass es aus einer altmexikanischen Sprache gekommen ist, und denkt, es sei deutsch. Ein Wort für solch eine Köstlichkeit muss hierbleiben und darf nicht abgeschoben werden.

Sigrun Braun, Augsburg

Schokolade

AUS DEM NAHUATL (AZTEKISCH)

Liebste Schokolade,
Deine Seele glitzert wie ein Diamant auf der Zunge.
Morgens, abends, nachts. Jeden Tag.

Ich bewundere jedes Mal aufs Neue Dein edles Erscheinungsbild.
Von außen immer elegant, manchmal farbenfroh gewandet – aber immer mit verführerischem Dessous, meistens mit nobler Prägung auf silbernem Grund.
Ein erhabenes Gefühl prägt die Vorfreude der Enthüllung.

Deine äußere Gestalt ist immer wieder überraschend – je nachdem, welche Freunde Dich neu geboren haben. Ob Du unzertrennlich als verführerisches Praliné oder als täglicher Genuss mit empfohlener Dosierungshilfe in Tafelform daherkommst – Dich schickt einfach der Himmel.

Befreit vom schnöden Mammon, zeigst Du Dein wahres Ich erst, wenn
Du das Feuerwerk in der Unendlichkeit der Geschmackserlebnisse entzündest.
Was dem Auge der Diamant ist, bist Du den Schmecker-Zipfeln im Mund.

Ideenreiche Menschen verstecken Dich, und ich entdecke Dich überall:
Du zeigst Dich in trinkbarer Form.
Du umhüllst die frischesten Früchtchen auf der Kirmes oder als
glitzernde Glasur beim Fondue.
Du freundest Dich mit Müsliflocken an und schäkerst mit
Donauwellen und Kuchen aller Art.
Findige Menschen behaupten, Du habest medizinischen Nutzen,
wenn Montezumas Rache zugeschlagen hat. Und es stimmt.

Aber die wahre Stärke ist Deine sinnliche Wirkung:
Wenn Du dahinschmilzt, kann kommen, was will.
Du machst mich stark und gibst Kraft in schwachen Stunden und
versüßt gleichzeitig die schönen Stunden.
Gibt es eine schönere Bezeichnung für die leckerste Sünde der
Welt als Schokolade?
Danke an die ersten Entdecker meiner Schoki!

Beate Bruns, Sendenhorst-Albersloh

Schokolade

AUS DEM NAHUATL (AZTEKISCH)

An seinem Geburtstag bekam ein Mann
ein Geschenk, von dem er sehr angetan:
eine Schachtel Pralinen, »Mon Chéri«.
Er dachte: Wo versteck ich sie?

Er legte sie im Keller in einen Spind,
damit sie ja kein andrer find.
Der Mann vergaß sie völlig dort, doch eine Made
wühlte sich in die Schokolade.

Sie fühlte sich dort richtig wohl,
denn in »Mon Chéri« ist Alkohol.
Das MHD war abgelaufen,
die Made konnte sich besaufen.

Nach kurzer Zeit war sie völlig dicht,
doch das störte die kleine Made nicht.
Nach vier Pralinen war's so weit:
Sie war nun ein kleines Dickerchen
und machte ein Nickerchen.

Und die Moral von der Geschicht:
Versteck die Schokolade nicht.
Iss sie oder schenk sie weiter,
sonst werden kleine Maden breiter.

Klasse 9 a, Gymnasium Kusel, Kusel

Schattenmorellen

AUS DEM FRANZÖSISCHEN*

Dass Assimilation angeblich ein Verbrechen gegen die Menschlichkeit sein soll, kann zu Recht bezweifelt werden. Die Schattenmorelle ist der Beweis!

Hat man in deutschen Landen das fremdländisch klingende »Château de Moreilles« wohl offensichtlich nie richtig verstanden, so hat man die köstlichen Kirschen, die von dort stammen, doch voller Herzlichkeit aufgenommen und ihnen den wohlklingenden Namen »Schattenmorellen« gegeben.

Im Schatten gedeihen diese Morellen sicher nicht, ganz im Gegenteil, sie stehen als die beliebteste und weltweit meistangebaute Kirschsorte im Rampenlicht unserer (Konsum)gesellschaft und haben es nach einer steilen Karriere sogar an die Spitze einer ganzen Gattung geschafft. Unter dem Sammelbegriff Morelle vereinen sich heutzutage so edle Gewächse wie die Beutelspacher Rexelle und das Morellenfeuer, sogar eine Doktorkirsche und eine Königin Hortense sind dabei. Na, wenn das nicht eine gelungene Integrationsgeschichte ist!

Vielleicht ist ein bisschen Assimilation doch nicht so schlecht. Die Schattenmorelle schmeckt jedenfalls immer noch genauso köstlich und unverwechselbar wie ihr Urahn vom Château de Moreilles, sie heißt nur ein klein wenig anders. – Und es besteht kein Zweifel daran, dass das das Geheimnis ihres Erfolgs ist. »Château de Moreilles«, das können doch bei uns nur die wenigsten aussprechen …

Michael Schedl von Brockdorff, München

* Diese Herkunft des Wortes ist wissenschaftlich nicht zweifelsfrei belegt.

Bonbon

AUS DEM FRANZÖSISCHEN

Die doppelte Süße des Bonbons

Brütend saß ich am Schreibtisch und hatte unglaublich viele und sinnstiftende Eingebungen zum Thema »das beste eingewanderte Wort«, aber vom Hocker riss mich keine. Faszinierend, so dachte ich, wie viele Worte, die wir täglich und selbstverständlich nutzen, einen »Migrationshintergrund« besitzen. Und schön, dass der in diesen Zeiten doch eher problembehaftete Begriff mal in einen positiven Kontext gesetzt wurde. Nachdenklich kratzte ich am Kopf. Bagatelle und Blamage, Mode, Keks und Chefetage … Oh Gott, nun wurde ich auch noch poetisch! Nein, keinen dieser Begriffe konnte ich überzeugt zu »meinem persönlichen besten eingewanderten Wort« ernennen.
Wie ferngesteuert griff ich in die rosafarbene Glasschale gleich neben meiner Computertastatur und fischte gedankenverloren darin herum. Angenehmes Rascheln machte sich breit. Wie einst beim Pawlow'schen Hund, so setzte nun auch bei mir unmerklich ein leichter Speichelfluss ein – sanfte Behaglichkeit stieg in mir empor. Während ich also weiterhin hoch konzentriert in einem Internetbeitrag auf meinem Bildschirm recherchierte, ertastete ich endlich das Objekt meiner Begierde und entledigte es, ohne genauer hinzuschauen, seiner knisternden Papierhaut. Schwups, da breitete sich in meinem Mund die klebrige Süße aus, die ich beim Denken und Lesen so dringend brauchen konnte. Hmmm, das tat gut. So ein Bonbon war doch immer wieder was Feines.

Genussvoll atmete ich durch, meine Gedanken schweiften in die Ferne, und ich musste schmunzeln. Bonbons waren in meiner Kindheit schon der Hit. Sie waren derart begehrt in unserem Haushalt, dass meine Mutter, die selbst gerne naschte, in ihrer Not die Bonbons vor uns Kindern verstecken musste, um selbst nicht zu kurz zu kommen. Immer samstags beim Hausputz fingerte sie, die eine Hand am Staubsauger, mit der anderen in ihrer geblümten Kitteltasche herum und förderte ein Bonbon zutage, das sie sich genüsslich in den Mund schob. Wenn wir sie empört dabei erwischten, behauptete sie schelmisch grinsend, sie habe das Bonbon beim Putzen gefunden. Wir glaubten das und entwickelten zweckmäßiges, aber erfolgloses Interesse an der Hausarbeit.

Herrje – und mein Opa, ich gluckste lutschend in mich hinein. Mein Opa sorgte dafür, dass ich in meiner frühesten Kindheit fest davon überzeugt war, dass Bonbons auf Bäumen wachsen. Als kleinen Stöpsel nahm er mich mit auf seine Spaziergänge durch die Natur. Und wenn wir unter einem Baum standen, lenkte er meinen Blick auf etwas, warf zeitgleich eine Handvoll Bonbons in die Luft und rief: »Oh, schau mal, ein Kamellenbaum!« Und ich strahlte vor Glück.

Oder meine Großtante Käthe vom Niederrhein, zu der ich regelmäßig in den großen Schulferien zu Besuch fuhr. Abends vorm Zubettgehen war unser gemeinsames »Bröckskes-Lutschen« ein lieb gewonnenes Ritual. Noch heute muss ich beim Anblick von Lakritzbonbons an sie denken.

Nie vergesse ich diese unendliche Sauerei, die entstand, als ich im Alter von neun Jahren mit meinen beiden Freundinnen versuchte, Karamellbonbons selbst herzustellen. Ich weiß nicht, wie viele Beruhigungsbonbons meine Mutter lutschen musste, als sie sah, was wir innerhalb kürzester Zeit aus ihrer gepflegten Küche gemacht hatten.

Bonbons wecken Kreativität, Fantasie und Freundschaft. In jedem meiner bisherigen Jobs führte der Weg zu den Kollegen über das Bonbon. Immer stand ein Bonbonglas im Büro, das zumeist zu ungeahnten Besucherströmen führte. Bonbons veranlassten Kollegen, entgegen des medialen Zeitgeistes, auf E-Mail und Telefon zu verzichten und ins drei Zimmer weiter gelegene Büro zu gehen, um dort »ungemein wichtige« Dinge zu besprechen. Natürlich nicht ohne, wie beiläufig und ganz unauffällig, die Hand ins Bonbonglas zu stecken. Auch heute teilen mein Kollege und ich uns eine Bonbonschublade im Schreibtisch. Sie ist nie leer.

Bonbons führen Menschen zusammen, sogar in der Anonymität der Großstädte. Neulich stieg eine ältere Dame in den Bus einer großen Verkehrsgesellschaft meiner Heimatstadt. Lange und umständlich nestelte sie in ihrer Einkaufstüte, bis sie endlich ein Bonbon hervorzog, das sie dem bereits ungeduldigen Busfahrer freudestrahlend hinhielt. Das Eis war gebrochen und ein warmherziges Lachen erhellte das grimmige Gesicht des Mannes. Infolge des Geschenks tauschten sich beide angeregt über Sorte, Preis und Erhältlichkeit des soeben überreichten »Kamellchens« aus.

Eigentlich toll, dachte ich, und zerbiss den hauchdünnen Rest der auf meiner Zunge liegenden Leckerei, toll, dass die französische Sprache einen so treffenden Begriff für das hervorgebracht hatte, was die süße, kleine Köstlichkeit für Menschen vieler Generationen bedeutete und bedeutet. Durchweg ist das, was wir mit dem Bonbon verbinden, einfach nur »gut«, eben »bon«. Und weil's nicht nur gut ist im gustatorischen Sinn, sondern auch gut für das menschliche Erleben und Miteinander, ist es gleich doppelt gut, also »Bonbon«. Keine deutsche Bezeichnung bringt dies so präzise auf den Punkt! Jetzt, und die Begeisterung packte mich, jetzt hatte ich »mein persönliches bestes eingewandertes Wort« gefunden und konnte es voller Überzeugung zu eben diesem küren. Denn was wäre unser Leben, was wäre die Gesellschaft ohne die doppelte Süße des »Bonbons«?

Christin Arens, Köln

Muckefuck

AUS DEM FRANZÖSISCHEN

Das Wort mit den zwei »u« klingt so hübsch, zweihebig und fröhlich, man hört schon die Harmlosigkeit des Getränks heraus und eine gewisse Ironie. Dass es von »Mocca faux«, falscher Kaffee, kommt, ist nur für Sprachwissenschaftler zu erkennen.

Petra Schrand, Baden-Baden

Latte macchiato

AUS DEM ITALIENISCHEN

Für »Latte macchiato« als bestes eingewandertes Wort sprechen drei gute Gründe:

a) Es klingt einfach schön und hat genau die richtige Mischung aus knackigen und samtigweichen Lauten, eben wie kräftiger Espresso mit luftigem Milchschaum. Darüber hinaus ist
b) mit Latte macchiato in unser arbeitsames, erfolgsorientiertes Deutschland nicht nur ein leckeres Getränk, sondern auch die Idee des süßen Nichtstuns, des Auszeitnehmens über die Alpen eingewandert. Das können zwar auch andere Wörter wie etwa Cappuccino für sich in Anspruch nehmen, doch schließlich gibt es
c) kaum ein Wort, das auf so schöne Weise das Diesseitige mit dem Moralisch-Religiösen zu vereinen scheint: die »befleckte Milch«; die Reinheit der sanften, weißen Milch, befleckt durch schmutzig braunen Espresso. Das klingt fast anstößig und ist doch einfach wundervoll.

Barbara Meier, Oldenburg

Schmetterling

AUS DEM TSCHECHISCHEN

Die deutsche Bezeichnung für die zierlichen Schuppenflügler leitet sich von tschechisch »smetana« für Milchrahm ab und bezieht sich auf den alten Volksglauben, dass Schmetterlinge kleine herumfliegende Hexen seien, die sich an Milch und Rahm zu schaffen machen.

Dabei ist jedoch anzunehmen, dass nicht etwa die harmlosen Falter, sondern vielmehr die schlauen Milchmädchen es auf die Sahne abgesehen hatten. Dennoch hat sich das Bild vom Schmetterling als Molkendieb in der Sprache erhalten. Ich finde die Herkunftsgeschichte dieses Wortes einfach zauberhaft und möchte es deshalb als bestes eingewandertes Wort vorschlagen.

Stefanie Kaspari, 17 Jahre, Berlin

Coffee to go

AUS DEM ENGLISCHEN

Ich freue mich immer wieder über den Mut diverser Straßenverkaufsfilialen, damit zu werben, dass der angebotene Kaffee zum Davonlaufen ist. So hat es jedenfalls einer meiner Söhne durchaus ernst gemeint übersetzt.

Moritz Walther, Hofbieber

Siesta

AUS DEM SPANISCHEN

Siesta ist doch viel besser und kürzer als »Nachmittagsschlaf«, und ein jeder weiß, was es bedeutet: Schlummern auf dem Sofa, mit vollem Bauch.

Dolores Rodríguez Cemillán, Alcorcon – Madrid, Spanien

Siesta

AUS DEM SPANISCHEN

Siesta, das bedeutet mehr als nur Mittagsruhe, denn es symbolisiert auch das südliche Lebensgefühl. Innehalten, den Moment der Freiheit genießen, ohne Gedanken an die Arbeit zu verschwenden, Ausspannen ohne Schuldgefühle, den Tag dadurch länger und intensiver werden lassen. Nach der Siesta geht es dann wieder zurück auf die Straße. Auch die hat sich verändert: Tische werden im Sommer vor die Läden gerückt, deutsche Männer sind nicht mehr so schlecht angezogen wie noch vor 20 Jahren und im Café an der Ecke gibt es Cappuccino, Latte macchiato oder ein Glas Rioja. Schönes Europa!

Konstanze Butenuth, Berlin

Lounge

AUS DEM ENGLISCHEN

Es ist für mich das »beste« eingewanderte Wort, weil es sich sehr edel anhört. Zudem liebe ich die englische Sprache.

Ich verbinde mit diesem Wort den Begriff Gemütlichkeit. Ich stelle mir immer eine riesige Eingangshalle mit einer hohen Decke, edler Einrichtung und bequemen Sesseln vor. Dazu dann noch, dass man begrüßt wird und was zu trinken bekommt.

Und deshalb ist es mein »bestes« eingewandertes Wort: weil es meine Fantasie anregt.
Elisa Müller, 16 Jahre, Berlin

chillen

AUS DEM ENGLISCHEN

Das Wort »chillen« wird häufig und zunehmend unter jungen Erwachsenen und solchen, die bereits als »ausgewachsen« betrachtet werden können, gebraucht.

Ich halte es für ein ausgesprochen schönes Wort, weil es insgesamt sehr weich klingt und daher auch positive Eindrücke vermittelt. Allein der Wortanfang mit »ch« klingt gesprochen wie »tsch« und erinnert an ein tiefes Ausatmen, vielleicht sogar an ein Schlafgeräusch …

Die beiden »l« im Wortinneren klingen ebenso weich. Sie federn wie eine kuschelige Matratze. Ebenso stark erinnern mich die beiden »l« an eine Hängematte, die hin- und herschaukelt. Und was könnte am Wortende schöner klingen als ein »-en«. Vergleicht man dieses Suffix mit anderen wie »-heit«, »-keit«, »-ig« etc.: Perfekter kann ein Wort gar nicht Wohlbefinden, Entspannung und Wärme ausdrücken als chi ll en!!
Gunhild Kästel, Koblenz

chillen

AUS DEM ENGLISCHEN

Dieses Wort ist unheimlich schnell in unsere Jugendsprache übernommen worden, und wir benutzen es täglich ganz selbstverständlich. Erwachsene können häufig damit gar nichts anfangen, obwohl es schon im Duden steht. (Aber das ist auch gut so, sonst wäre es ja keine »Jugendsprache« … *smile*)

Julius Steiof, 14 Jahre, Münster

cool

AUS DEM ENGLISCHEN

Das Wort cool ist cool.

Einer der Beiträge aus der Klasse 5c, Finow-Grundschule, Berlin

Homie

AUS DEM ENGLISCHEN

Wir benutzen das Wort »Homie« meistens bei Begrüßungen (z. B. »Yo, Homie!«) oder wenn man einen Freund vorstellt oder von engen Vertrauten spricht.

Wir finden das Wort deshalb besonders gut, weil es unserer Sprache einen englischen Slang verpasst und wir somit cooler, erwachsener und »reifer« klingen, wenn wir uns unterhalten.

Klasse 8c, Max-Planck-Gymnasium, Heidenheim

MEIN LIEBSTES WORT MIT MIGRATIONSHINTERGRUND: COOL

Als ich mein liebstes Fremdwort zum erstenmal hörte, um die Mitte der siebziger Jahre herum, war ich vierzehn oder fünfzehn, ein Gymnasiast, der viel zu wissen und alles zu verstehen glaubte – und daß ich mein Lieblingswort erst mal überhaupt nicht verstand, lag nicht bloß daran, daß es als Verneinung ausgesprochen wurde; daran lag es aber auch.

Wir saßen, in der bayerischen Kleinstadt, in der ich zur Schule ging, am Fluß mit ein paar G.I.s, wir rauchten Zigaretten, die unsere amerikanischen Freunde aus dem PX-Laden mitgebracht hatten, tranken Cola mit Jim Beam drin (daß Joints geraucht wurden, kann nicht ganz ausgeschlossen werden), und dann steckte sich einer eine Mentholzigarette der Marke Kool zwischen die Zähne, und ein anderer sagte: »Man, you're so uncool.«

Ich sagte gar nichts, weil ich die Codes der Amerikaner gerade erst kennenlernte (und vielleicht war mir auch ein bißchen schlecht), aber auf dem Heimweg war ich wieder der alte Besserwisser und sagte zu dem Freund, der mich begleitete: »Uncool, was soll das denn heißen? Ich verstehe schon nicht ganz, warum ›kühl‹ ein Lob sein soll. Aber ›unkühl‹, als Tadel? Warum sagt er nicht warm? Oder heiß? Warum ist es blöd, heiß zu sein?«

Der Freund meinte, das dürfe man nicht wörtlich übersetzen; man müsse es eher intuitiv erfassen. Ich verstand es trotzdem nicht ganz, zumal wir Gymnasiasten damals das, was uns erregte, eine Party also oder eine Person des anderen Geschlechts, unbedingt als heiß bezeichneten. Eine kühle Party, das war definitiv kein Lob.

Es muß aber um diese Zeit herum gewesen sein, als die älteren unter meinen Bekannten, jene, die Musik machten oder zumindest intensiv hörten, heute würde ich sagen: die Cooleren unter ihnen, das Wörtchen eingemeindeten in ihren Sprachgebrauch. Ein cooles Gitarrensolo, wer das sagte, ordnete die Musik nicht einfach dem schon damals (und seit langem) sogenannten Cool Jazz zu, sondern machte anscheinend eine Aussage über die Haltung des Gitarristen. Eine coole Platte, das hieß vor allem, daß es eine Menge Leute gab, die zu uncool waren, die Musik zu verstehen. Und die coole Sau war der, den der etwas volkstümlichere Jargon so gelobt hätte: ein Hund sei er schon.

Daß das Wörtchen cool, welches, wie das zumindest mein Gedächtnis abgespeichert hat, ums Jahr 1974 ankam in der bayerischen Provinz, nicht drei, vier Jahre später als ausgelutscht und abgedroschen wieder ausgemustert wurde (wie das mit anderen Jargon-Ausdrücken immer wieder geschah); daß es, im Gegenteil, seither fast jeder jungen Generation dazu taugte, die grundsätzliche und den Älteren möglichst unverständliche Unterscheidung zwischen dem Coolen und dem Uncoolen zu machen: Das spricht sehr deutlich für die Hypothese, daß dieses Wort etwas kann, was deutsche Wörter nicht vermögen.

Es waren schwarze Amerikaner, es waren wohl die Musiker, die in der ersten Hälfte des 20. Jahrhunderts das Wort cool als Kampfbegriff entdeckten, und damals hieß es, was es eben heißt: Cool war der Afroamerikaner, der zwischen seinem heißen Herzen und der feindlichen weißen Welt einen Eispanzer trug, durch den keine Schmähung und Demütigung drang. Cool war, wer sich nicht reizen ließ, cool blieb, wer seine Gefühle, seine Liebe und durchaus auch seinen Haß im Kühlschrank aufbewahrte. Dort blieben diese Gefühle länger frisch. Cool war Miles Davis, der seine Trompete mit dem Rücken zum Publikum spielte und sich von niemandem beeinflussen ließ. Uncool war Charlie Parker, der geniale Saxophonist, der sich aber verbrannte und verzehrte. In früheren Jahrhunderten hatte man, was an der Coolness nicht Temperatur, sondern Haltung war, »sprezzatura« genannt oder »nonchalance«. Für die Konflikte des 20. Jahrhunderts waren diese Begriffe aber nicht mehr tauglich: zu vornehm, zu gewählt. Nonchalant konnte man seinen Schal tragen, an einem freundlichen Herbsttag, im milden Paris. In den heißen Sommern von Harlem oder South Central war Coolness angebracht.

Und dort, unter den Afroamerikanern, gibt es vermutlich immer noch viele, die das Wort und die Haltung für sich behalten wollen; die schlichtweg leugnen, dass es in den Konsensgesellschaften Europas für die weißen Kids (auch so ein schönes eingewandertes Wort) überhaupt Herausforderungen gebe, welche nur mit Coolness zu bewältigen seien – und vermutlich haben sie ja, einerseits, recht.

Und andererseits zeugt gerade das von der Lebendigkeit des Worts. In den neunziger Jahren zeigte der Musiksender MTV die Zeichentrickserie »Beavis and Butt-head«, die im wesentlichen davon handelte, dass zwei pubertierende Jungs vor dem Fernseher sitzen, sich Musikvideos anschauen, vorwiegend weißen und schwermetallischen Rock, und dann wird diskutiert, ob die Musik etwas taugte oder nicht, wofür eigentlich nur zwei Kategorien zur Verfügung standen. »This sucks« war der Tadel, und das Lob hieß: »This is cool!«

Gesellschaftskritiker interpretieren solche Bedeutungsverschiebungen gern als Enteignung der schwarzen Kultur durch die weiße - wobei alles Widerspenstige gleich verlorenginge, und auch das ist vermutlich wahr. Es lässt sich nur nicht ändern. Zu verführerisch ist das Wort, zu elastisch, als dass man darauf verzichten könnte. Und für uns Deutsche kommt erschwerend hinzu: Da haben wir endlich mal ein englisches Wort, das wir aussprechen können, ohne dass man sich dabei die Sprechwerkzeuge verrenkte. Oder beim Reden ins Stolpern geriete, weil englische Wörter das Umschalten des ganzen Sprechapparats, vom »s« zum »th« zum Beispiel, erforderten.

Nein, cool klingt auch cool, wenn man es wie »kuhl« ausspricht. Und die absolute Brauchbarkeit des Wortes hat ihre Ursache darin, dass cool recht eigentlich alles bedeuten kann. Und dass man das aber rechtzeitig merkt. Wenn ich »cool« sage und dabei »gut«, »ausgezeichnet«, »wundervoll« meine, dann verweist das mehr auf meine Haltung beim Verteilen des Lobs. Ich will cool bleiben in meiner Begeisterung und mein Lob nicht mit dem Megaphon herausposaunen, vielleicht auch deshalb, weil ich mich selber nicht so wichtig nehme. Wenn ich »cool« sage und meine damit: was für eine Haltung, was für eine Ungerührtheit – dann bleibe ich sehr nah an der ursprünglichen Bedeutung. Und das Schöne ist: mein Gegenüber, jedenfalls wenn er jünger als fünfundachtzig ist, wird es verstehen. Und womöglich in seiner Antwort eine Interpretationsnuance hinzufügen. Insofern ist »cool« absolut zeitgemäß: Ein freies Wort in einer freien Gesellschaft. Ein Wort, dessen Wert und Bedeutung immer wieder neu auf dem Markt der Meinungen ausgehandelt wird.

Und natürlich ist »cool« das zeitgemäße Wort für eine Gesellschaft, deren Grundtemperatur abgenommen hat und weiter abnimmt, was man nicht bedauern muß. Vor hundert Jahren waren, wie jeder Liebesbrief, jedes politische Pamphlet zeigt, die westlichen Menschen wesentlich hitziger. Sie erregten sich leichter, sie wurden schneller heiß, was vielleicht auch daran liegt, dass sie enger aufeinanderhockten, was enorme Reibungsenergien erzeugt. Daß »cool« ein Lob bedeutet, hätten noch unsere Großväter nicht verstanden.

Auch insofern ist es das richtige Wort für die Gesellschaft, in der wir leben. Wir sind verdammt cool geworden und sollten uns nicht scheuen, das auch so zu nennen.
Claudius Seidl, Journalist

Hängematte

AUS DEM HAITIANISCHEN

Wie für die Menschen, so stellt sich auch für die Wörter die Frage nach Migration + Integration.

Wort-Zuwanderer aus anderen Sprachen hatten und haben wir zuhauf. Zuletzt ist die Computersprache in unsere Lebenswelt eingedrungen und hat uns mit neuen, englischen Wörtern überschwemmt. Manche von ihnen sperren sich gegen alle Integrationsbemühungen: »Flatrate« – schreibt man das eigentlich getrennt oder zusammen? Und wie lautet der Plural? – Andere Wörter aber suchen den Weg der Anpassung, auch wenn man ihnen die Fremdheit weiterhin ansieht. Sie integrieren sich aber in unsere Sprachwirklichkeit, zuerst vorsichtig, später ganz selbstverständlich. So loaden wir heutzutage selbstverständlich Dateien down – wie schön hat sich das Wort in unsere Syntax integriert!

Das schönste und prächtigste Einwanderungswort unserer Sprache ist für mich aber das Wort »Hängematte«.

Vielleicht fragen Sie jetzt erstaunt: »Was hat die ›Hängematte‹ denn mit dem Thema Einwanderung zu tun?« – »Sehr viel«, so lautet meine Antwort, »obwohl man es dem Wort zunächst nicht ansieht.« Aber: Das Wort »Hängematte« hat etymologisch weder etwas mit »Matte« noch mit »hängen« zu tun, sondern ist vor gut 500 Jahren aus der Karibik in die deutsche Sprache eingewandert.

Als Kolumbus nämlich mit seinen Schiffen in die Inselwelt der Karibik gelangte, lernten die Seeleute die Schlafnetze der Eingeborenen kennen: Es waren für sie wahrhaft nützliche Gegenstände. Hängematten wurden über dem Boden in der Höhe angebunden. Die Seeleute mussten nun endlich nicht mehr auf fauligem Stroh schlafen, umgeben von Ratten und Mäusen.

Hängematten waren die perfekten Schlafstätten auf den Schiffen. Mit dem Gegenstand nahmen die Seeleute natürlich auch die indianische Bezeichnung mit nach Europa: Noch heute heißt sie in den karibischen Sprachen »hamaca«. Das Wort wanderte erfolgreich in die Seefahrersprachen ein und eroberte zusammen mit dem Gegenstand, dem indianischen Schlafnetz, die europäischen Kulturen:

Als »hamaca«, oder ohne den aspirierten Anlaut: »amaka«, ist es in vielen europäischen Sprachen völlig unverändert geläufig (und viele Sprecher nehmen das Wort heute auch nicht mehr als »fremd« wahr), so im Französischen, im Spanischen, im Englischen, im Italienischen, im Rumänischen, im Polnischen. Die Russen kennen ihre »Gamak«, das Esperantowort heißt »hamako«, und selbst die Japaner schlafen gerne in der hanmokku.

Auch in die holländischen Häfen kam die Hamaca an, die holländischen Seefahrer formten die erste Silbe um in »hangmac«, und der berühmte Mund des Volkes (die Linguisten sprechen von »Volksetymologie«) machte aus der »-macke« eine »-matte«. Und so heißt die »Hamaca« im Niederländischen heute »Hangmat«.

Wie Recht hatte doch der Volksmund! Denn eine »Macke« war diese hilfreiche indianische Erfindung ja keineswegs. Zwar ist es, streng betrachtet, auch keine »Matte« im eigentlichen Sinne, aber es klingt dennoch perfekt.

Und das alles machen sich die heutigen Sprecher des Deutschen nicht mehr klar, und sie müssen es sich ja auch nicht klarmachen: Denn unsere Hängematte ist das perfekte Einwanderungswort. Es hat sich vollkommen integriert in die Sprachgesellschaft. Man sieht ihm seine Herkunft überhaupt nicht mehr an. Dennoch steht das Wort für die Beibehaltung der Identität (die »Hamaca« ist weiterhin ein Netz geblieben) – und vor allem für die Bereicherung unserer Kultur durch die Eingliederung des Fremden. Denn das Wort »Hängematte« steht für eine sehr wichtige Neuerung in der europäischen Kultur durch die karibischen Indianervölker: Erst die Hängematte eröffnete den Seefahrern nach Kolumbus einen ruhigen, trockenen und ratten- und mäusefreien Schlaf.

Wenn nun aber die heutigen Politiker und die Presse gelegentlich darüber klagen, dass sich viele in die »soziale Hängematte« legen und es sich auf Kosten der Allgemeinheit in Florida oder in den Feriengebieten der Karibik gut gehen lassen, dann schließt sich hier ein interessanter Integrationskreislauf!
Ulrich A. Schmidt, Castrop-Rauxel

Hängematte

AUS DEM HAITIANISCHEN

Wer sich an einem deutschen Samstag in seinem Garten, zwischen Apfelbaum und Jägerzaun, für eine bescheidene halbe Stunde in seine Hängematte flegelt, um in enttäuschter Sehnsucht von karibischer Ruhe zu träumen, findet immerhin Trost in der Sprache.

Peter Königs, Tübingen

Bungalow

AUS DEM HINDI

Denkt man an den Bungalow, denkt man an Recklinghausen, Idar-Oberstein und Oldenburg. Man denkt an Vorstädte mit Vorgartenidyll, an holzvertäfelte Einbauküchen und Kaffee mit Spritzgebäck auf blümierten Tischdecken. Mit anderen Worten, man fühlt sich wohlig und warm, aufgehoben und zu Hause. Kurz, man fühlt sich irgendwie deutsch.

Aber halt! Der Bungalow ist genau wie der Kaffee auf der blümierten Tischdecke ein Fremdwort. »Bungalow« ist von »bangla« abgeleitet, was im Hindi so viel wie »Haus im bengalischen Stil« bedeutet. Und diese Häuser sind in der Regel eingeschossig mit einer Veranda im Eingangsbereich.

Ein urdeutsches Idealtyp basierend auf einem Fremdwort? Könnte es ein besseres Symbol der Vielschichtigkeit der Menschen zwischen Rhein und Oder, zwischen Ostsee und Alpen geben? Deutschland – ein Begriff für eine Gruppe von Menschen und eine Kultur, die sich ständig im Austausch mit anderen weiterentwickelt haben, die von diesem Austausch profitiert haben, ja, die ohne diesen Austausch nicht zu dem gekommen wären, was Deutschland heute ausmacht: Ein freiheitlicher, demokratischer Rechtsstaat, der all seinen Bürgern die gleichen Grundrechte garantiert.

Und so ist der Bungalow ein urdeutsches Idealbild. In Bungalows, sei es in Recklinghausen, Idar-Oberstein oder Oldenburg, finden alle eine Rückzugsmöglichkeit, wie auch Möglichkeiten des Zusammenlebens. Könnte man durch die Fenster der Bungalows sehen, man würde alle Bürger dieses Staates am Kaffeetisch sitzen sehen; egal ob sie hier geboren wurden, oder ursprünglich aus der Türkei, Italien, Ghana, Brasilien, den USA, China oder dem Kosovo stammen. Und davor lugt lächelnd der Gartenzwerg auf der Veranda unter seiner roten Zipfelmütze hervor.

Felix Rösch, Berlin

Ordnung

AUS DEM LATEINISCHEN (LEIDER NICHT POLYNESISCH – DA WYRD ICH LIEBER HINFLIEGEN)

weil es zusammen mit den wörtern »disziplin« und »organisation« (die genauso einen migrazionshintergrund haben) das stereotypische »deutsche wesen« ausmacht. die römer von gestern sind die italiener von heute, was heisst, die deutschen ham ordnung, disziplin und organisazion von den italienern gelernt. so gesehen, hat die deutsche »leitkultur« selbst einen migrazionshintergrund. die wal der wortes »ordnung« sollte den »echten« doitshen zeigen, das es kaum etwas gibt, was imma shon in doitshland war und absolut urdoitsh is – sogar di alten germanen waren shon mal auslenda in doitshland.

Zé do Rock, Schriftsteller

Pergola

AUS DEM ITALIENISCHEN

Pergola – dies melodisch von den Lippen rollende Wort für ein Element der Baukunst, weder Haus noch Garten, ein zierliches Gerüst, dessen einziger Zweck darin besteht, unter Rankpflanzen zu verschwinden, ein Stück Architektur, das mehr aus nichts als aus etwas besteht – ein spielerisches Ding, das weniger Kühle und Schatten gibt als ein Säulengang, keinen Schutz vor Regen, nicht die Heimlichkeit einer Laube, das nichts zu tragen hat außer der Last von Glyzinien, Clematis oder Wein, die alle auch ohne dies' Gerüst sehr gut wüchsen. Scheinbar nichts als poetischer Unfug, zauberisch Sinnloses, lässt die Pergola sinnendes Gehen besser zu als Garten oder Wald mit ihren tausenderlei Ablenkungen: Der Boden ist ein schön gepflasterter Fußweg ohne Pfützen oder Staub, die grünen Säulen umrankter Streben sind nicht so mächtig und vordringlich wie Bäume, durch die kreuz und quer über das offene Dach hängenden Ranken dringt viel mehr Sonnenlicht und Himmelsbläue als durch eine Baumkrone. Im Winter ist die Pergola Skelett, zeichnet sich scharf und dunkel vor dem blassen Himmel ab; wir sehen die überraschend starken Stämme des so zart wirkenden Bewuchses: Die eigentliche Kraft der Pergola ist nicht gebaut, sondern gewachsen – wie die Sprache, in deren Gerüst das schöne klingende Wort aufgenommen wurde als eine fremdländische Blume – schöner Fremdling zwischen Haus und Garten: Per-go-la …

Claudia Sperlich, Berlin

Markise

AUS DEM FRANZÖSISCHEN

In diesem Sommer war ich sehr überrascht, als ich bei meinen Bekannten in Deutschland gehört habe, dass wir jetzt auf die Terrasse mit einer Markise (Sonnendach, Schutzdach aus festem Stoff) kommen. Ich war ganz neugierig, was für eine Marquise (eine Trägerin des französischen Adelstitels) uns auf der Terrasse erwartet.

Beide Wörter sind gleich ausgesprochen, man schreibt sie aber anders, und sie sind aus der französischen Sprache ins Deutsche gekommen. Diese Wörter gibt es auch im Russischen in diesen zwei Bedeutungen, aber man schreibt und spricht sie gleich aus: маркиза.

> Ich finde beide Wörter sehr schön, sie klingen so märchenhaft, und sofort assoziiert man sie mit den Büchern von Alexandre Dumas dem Älteren und von Honoré de Balzac. Und ich bekam eine gute Laune, als ich dieses Wort schon gehört habe, und dann war ich einfach begeistert, als ich die Bedeutung des Wortes erfahren habe. Als ich von Ihrem Wettbewerb erfahren habe, beschloss ich, unbedingt von diesen Wörtern zu schreiben.
>
> *Natalja Juchtina, Bischkek, Kirgisistan*

Trottoir

AUS DEM FRANZÖSISCHEN

Als Kind dachte ich, es gibt zwei Möglichkeiten, sich auf der Straße als Fußgänger fortzubewegen: auf dem Gehsteig geht man und auf dem Trottoir trottet man.

Meine Oma benutzte mehrere dieser französischen Wörter, wie Parapluie oder Waschlavoir, aber unter Trottoir konnte ich mir als Kind am meisten vorstellen und benutze es auch heute noch selbst gerne, auch wenn ich auf demselbigen nicht mehr trotte.
Carolin Ebnet, München

PLUMEAU !

Plumeau

AUS DEM FRANZÖSISCHEN

Das Plumeau bedeutet kuschelige Wärme, ein bisschen zu viel Wärme sogar manchmal, denn es kommt als Federbett noch oben auf die (Woll)decke … Aber es ist Kindheit pur für mich: Erwartungsvoll unter der Decke liegen, dann schüttelt die Mutter oder Großmutter mit diesem einmaligen Geräusch das dicke Plumeau auf und lässt es mir mit einem Plumps auf die Beine fallen, bis zum Bauch belastet es mich warm und schwer. Dann kommt Vorlesen, Dunkelheit, Wegtauchen … begleitet vom leisen Knistern der Federn …

Und kaum jemand hatte so ein geniales Teil: Den Freundinnen, die zum Schlafbesuch blieben, konnte man diese einmalige Errungenschaft vorführen – die Armen schliefen ja sonst unter schnöden Decken!

Im Rheinland, wo ich aufgewachsen bin, verfügt man über allerlei französische Worte und Relikte (von 4711 bis zu den Stadtsoldaten im Karneval), also sprachen wir das Plumeau auch rheinisch aus – nämlich Plümmo (mit Betonung auf dem »ü«) – und erfanden die wunderbare Redewendung »Et Omma unterm Plümmo« … Der Französischunterricht mit »Au clair de la lune« brachte die Erklärung, was denn eine »plume« (= Feder) sei. Und dass die Franzosen mit »plumeau« eher einen »Federbesen« meinen, wie das Wörterbuch behauptet, kann meine Erinnerungen auch nicht entromantisieren. Nur so ein Teil besitze ich nicht mehr, es wäre mir zu warm, zu schwer …

Aber das Wort ist mein Lieblingswort unter den eingewanderten Wörtern, weil es wie kein zweites seinen exotischen Klang, dem wir Kinder nie eine Schreibweise zuordnen konnten oder wollten, etwas Unbekanntes also, mit so einem Ding voller Wärme, Schwere und Gemütlichkeit, einer kindlichen körperlichen Geborgenheit zusammenbringt. Und dann knistert, knarzt und wispert es in den Federn …
Cornelia Trabandt, Hannover

Potschamberl

AUS DEM FRANZÖSISCHEN

Schon beim Bericht über Goethes Tod äußert sich einer der Diener, die bis zuletzt bei ihm waren, über den Zustand des »Potschanper«. Das französische »pot de chambre«, akkurat ausgesprochen, hat in der Tat einen ganz anderen Charme als der deutsche Nachttopf. Trotzdem dürften wegen der flächendeckenden Einführung moderner Nasszellen die Tage beider Wörter gezählt sein.

Ludwig Hahn, Seubersdorf

Fauteuil

AUS DEM FRANZÖSISCHEN

Dieses Beispiel zeigt, wie ein Wort durch mehrfache Migration die Karriereleiter hinaufpurzeln kann. Von den Franken (und nicht von Ikea) als einfaches Kriegsequipment, aber unbequemer, klappriger faldestoel, faldestueil (= Faltstuhl) ins Altfranzösische eingeschleppt, entwickelte es sich im Französischen zum gepolsterten Lehnsessel. Zurück bekamen wir es dank französischem Savoir-vivre als friedfertiges Luxusmöbel namens Fauteuil, in dem wir Deutschsprachigen noch heute gerne majestätisch zurückgelehnt mit Kuscheldecke und Filzpantoffeln bewaffnet vor der Flimmerkiste thronen.

Joe Gutzelnig, Linz, Österreich

Business
as usual
Spen-
den
Auf-
trage
Quit-
tungen
M·M·

Girokonto
AUS DEM ITALIENISCHEN

Existenzielles Wort, mit dem Haben und Sein, Wohl und Wehe bürgerlicher Existenz verknüpft ist und empfunden wird.
Reiner Emmering, Oberndorf am Neckar

Büro
AUS DEM FRANZÖSISCHEN

Noch mehr ins Deutsche rein
ist schwer, kann fast nicht sein.
Denn dort wird Deutsch erst so.
Der Ort, das Wort: Büro.
Peter Mathias Grunder, Unterseen, Schweiz

Jobcenter
AUS DEM ENGLISCHEN

Ein internationaler und institutionalisierter Ort in wohlfahrtsstaatlich moderierten Gesellschaften, der die entwürdigten Müßigen, einst Tätigen per Armengesetze in der modernen Zeit verwaltet.
Nesimi Öner, Berlin

kaputt

AUS DEM FRANZÖSISCHEN

Ich kann mich daran noch erinnern: Auf einer der ersten Seiten von »Themen neu 1« stand die ulkige Figur eines Mannes, der seine nicht funktionierende Kamera perplex ansah und sagte: »Sie geht nicht, sie ist kaputt.« Diese visuelle Erinnerung und der komische Klang des Wortes sind genug gewesen, dass ich mich nicht nur an die Szene erinnere, sondern auch »kaputt« nie mehr vergaß.

»Kaputt« bedeutet für mich nicht nur »zerbrochen«, »zerrissen« oder »nicht funktionierend«, wie es im Wörterbuch steht. Es bedeutet das alles, aber in einer quatschigen Weise. Quatschig, wie der ratlose Mann mit seiner Kamera.

Erst jetzt bin ich draufgekommen, dass diese pathetische Bedeutungsnuance wirklich existiert. Das Wort kommt nämlich aus der französischen Sprache: »capot«, das im Kartenspiel »ohne Stich sein« bedeutet. Als ich das gelesen habe, fand ich es überraschend, auch weil »kaputt« immer für mich eines der deutschesten Wörter gewesen ist.

Thiago Rocha da Fonseca, Curitiba, Brasilien

Ingenieur

AUS DEM FRANZÖSISCHEN

Französisch ist die edelste und sanfteste Sprache, die es in unserem Universum zu geben scheint, wobei das Wort »Ingenieur« das i-Tüpfelchen, die Krönung und das Sahnehäubchen dieser wundervollen, eleganten und zärtlichen Sprache ist. Wenn man dieses Wort ausspricht, kommt es einem so vor, als wenn man an einem heißen Sommertag unter einer großen Eiche liegt und einem die kühle Sommerbrise durch die Haare streicht, während die Nachtigall ein Lied von Freude und Glück singt.

Juliane Dorr, Allersberg

Bulldozer

AUS DEM ENGLISCHEN

Grundsätzlich mag ich Anglizismen nicht. Schätzungsweise 80 Prozent aller neueren Anglizismen sind dank deutscher Faulheit in die Sprache gekommen. Entweder der geistigen Faulheit, ein Wort einfach nur zu übersetzen. Oder schlichter Maulfaulheit. Anglizismen sind eine Art Kurzsprech; sie sagen mit zwei Silben das, wofür auf deutsch drei bis fünf Silben nötig sind. Natürlich sind Anglizismen auch eine Art Statussymbol; wer einen Unternehmensberater höflich zum Schweigen bringen will, muss sich nur ausbitten, er möge doch deutsch reden.

Doch dann gibt es wieder Anglizismen, die sind so plastisch, daß es kein deutsches Wort mit ihnen aufnehmen kann. Bulldozer ist so ein Wort. Man hört die dreihundert PS, spürt die sture, mahlende Kraft, und man weiß, daß jeder Widerstand zwecklos ist.

Deshalb gebe auch ich jeden Widerstand auf und erkläre Bulldozer zu meinem schönsten eingewanderten Wort.

Thomas Brussig, Schriftsteller

erschienen in
WELT KOMPAKT

Chuzpe

AUS DEM JIDDISCHEN

Beinahe onomatopoetisch – selten trifft man ein Wort in der deutschen Sprache, dessen Klang derart treffend seine Bedeutung widerspiegelt. Und dann dieses eigentümliche Schillern zwischen dreister Kaltschnäuzigkeit und charmanter Penetranz! Eindeutig preisverdächtig.

Michael Bee, Köln

Chance

AUS DEM FRANZÖSISCHEN

Richard Freiherr von Weizsäcker sagte: »Von den Chinesen können wir derzeit viel lernen. Sie haben für Krise und Chance dasselbe Schriftzeichen.«

Und das ist für mich das beste Wort für unsere Zeiten: »Chance«.

Mit dem Wort »Chance« verbinde ich Hoffnung, neue Möglichkeiten, günstige Aussichten, ein »Geschenk«, das einen zum Erfolg bringen kann, wenn man dieses als Geschenk erkennt und es nutzt. Ein Geschenk, um neue Ufer zu erreichen.

Die Aussprache des Wortes in der deutschen Sprache ist weich und klingt positiv in meinen Ohren. Folgender Spruch zu diesem Wort begleitet ein Stück meines Lebens in Deutschland als Selbstmotivationsmotto: »Die Chance klopft öfter an, als man meint, aber meistens ist niemand zu Hause.« (Will Rogers)
Also bleib wach, mach die Augen auf und meckere weniger!

Verbringe deine Energie, um Chancen zu erkennen und wahrzunehmen!
Die sind ja da und warten auf deine Entscheidung! Nur ran!

Danuzza Rodrigues de Mendoça, Bocholt

Gute Chancen

Moloch

AUS DEM HEBRÄISCHEN/GRIECHISCHEN

Ich finde, diesem Wort hört man sofort an, dass es rein gar nichts Gutes bedeuten kann. Und beim Aussprechen wird dieses unangenehme Gefühl auch im Rachen spürbar. :-)

Stefanie Pagel-Bosker, Gifhorn

Slogan

AUS DEM GÄLISCHEN (SCHOTTLAND)

Dieses Wort ist außergewöhnlich, weil es vermutlich vor sehr langer Zeit schon hier gewesen, mitsamt seinen angestammten Sprechern bei uns untergegangen und nun über weite Umwege in Zeit und Raum wieder zurückgekommen ist.

Als nämlich vor sehr langer Zeit auf ausgedehnten Gebieten des heutigen Deutschlands keltische Stämme lebten, werden sie mit einem Geschrei in den Kampf gezogen sein, das sie vermutlich mit einem ähnlichen Wort bezeichneten, wie es heute noch im Gälisch des fernen Schottland für »Schlachtruf« benutzt wird: »Sluagh ghairm«. Als Lehnwort »slogan« ist dieser Begriff dann im Englischen angekommen, von wo aus er, eventuell noch kulturell befördert über den Umweg Nordamerika, seinen (Wieder)einzug in unsere Gefilde erlebte. Nunmehr als Bezeichnung für einen schlagkräftigen Werbespruch dienend. Ein kleiner Triumph des Keltischen über seine beiden Verdränger, die Festlandgermanen hier und die Inselgermanen dort. Eben ein richtiger Schlachtruf.

Jochen Taubert, Jena

Alarm

AUS DEM ITALIENISCHEN

Den Italienern des Mittelalters ist es vielleicht nachzusehen, dass sie schon bei der leisesten Bedrohung ihrer Ressourcen sofort zu den Waffen riefen (all'arme!). Aber dass das heutzutage – neben den Deutschen – die halbe Welt tut, stimmt doch bedenklich (Englisch: alarm; Französisch: alarme; Spanisch: alarma; Türkisch: alarm; Schwedisch: (a)larm; Polnisch: alarm; Portugiesisch: alarme; Afrikaans: Alarm; Japanisch: ara-mu usw.). – Vor diesem etymologischen Hintergrund erscheinen die deutschen Begriffe »Alarmbereitschaft« und »blinder Alarm« gleich in einem ganz anderen Licht.

Gabor Mues, München

im Internet surfen

AUS DEM ENGLISCHEN

Wie würde sich denn »im Zwischennetz Wellen reiten« anhören?

Giacomo Wilmot, 13 Jahre, Berlin

Homepage

AUS DEM ENGLISCHEN

Als ich meinen Kollegen fragte, wo ich eine gute Sprachenschule finden könnte, sagte er: »Gehe ins Internet auf die Homepage.« Ich hatte damals keine Ahnung, was eine Homepage ist, wollte mich auch nicht blamieren und nickte nur. »Jute Idee, danke«. Computer oder Internet besaß ich damals nicht. Ich war 63 Jahre alt und hatte keine Lust darauf.

Wie der Zufall es wollte, war ich am gleichen Tag bei meinem Schwager, der 17 Jahre älter ist als ich, zum Geburtstag eingeladen. Stolz zeigte er mir seinen neuen Computer. »Ich habe auch Internet«, sagte er. Erst zögerlich, danach fragte ich ihn todesmutig: »Kann ich da eine Homepage abrufen?« – »Klar, was willst du denn wissen?« – »Ich will Englisch lernen, und das hier in Aachen!« Schwuppdiwupp lud er mir alle Angebote herunter. Es hat ihm richtig Spaß gemacht. Und mich in Erstaunen versetzt.

Nun lernen wir Englisch zusammen, und ich weiß, was eine Homepage bedeutet und wie schnell man Informationen bekommen kann. Ich würde mich über eine Reise nach London freuen, USA ist mir zu weit. Wenn nicht, habe ich ja noch immer die Homepage.

Norbert Braun, Aachen

E-Mail

AUS DEM AMERIKANISCHEN ENGLISCH

Ich schick dir einfach eine E-Mail. Lass uns einfach e-mailen! Das habe ich ihm schon schnell geemailt. Sie hat mir das rübergemailt. Das ist der reinste Mailterror! – So produktiv wie die deutsche Grammatik mit diesem Wort umgeht, kann man nur von einer glänzenden Erfolgsstory sprechen. So sieht perfekte Integration aus.

Tomas M. Mielke, Berlin

Handy

AUS DEM ENGLISCHEN

Weil das Wort eine so interessante Entwicklung in seiner Bedeutung durchgemacht hat, bis es in der deutschen Sprache – jetzt von praktisch jedem – als Bezeichnung für das mobile Telefon verwendet wird. Im Deutschen ist es ein Nomen; im Englischen gibt es das Wort nur als Adjektiv in der Bedeutung »griffbereit«, »praktisch«, »handlich«. Und wer wird denn wohl bestreiten wollen, dass ein »Handy« all diese drei Eigenschaften hat?

Warum sich aber im Deutschen, im Gegensatz etwa zum Englischen (»mobile [phone]«) oder zum Spanischen (»teléfono [móvil]«), für den Alltagsgebrauch nicht ein Wort wie *Mobil durchgesetzt hat? Im Amtsdeutschen existiert schließlich durchaus das »Mobiltelefon«. Und das Wort »Festnetz«, das ja nun im Zusammenhang mit dem »herkömmlichen« Telefon verwendet wird, das nötig geworden ist, um zwei Arten des Telefonierens voneinander zu unterscheiden, ist sogar eine Schöpfung ohne Anleihen an eine Fremdsprache, eine Schöpfung, die noch nicht einmal auf das ursprünglich Lateinische zurückzugreifen brauchte. Hier zeigt sich einmal wieder, dass Sprachen ihre eigenen Wege gehen werden, wenn sie Bezeichnungen für neue Dinge finden müssen, und dass Sprache sowohl »System« als auch »Chaos« ist. Was das Fremdsprachenlernen zwar äußerst interessant, aber auch sehr aufwendig und oft mühsam macht.

Jedenfalls hat die Tatsache, dass wir Deutsche jetzt eben das Wort »Handy« verwenden, eine interessante Konsequenz gehabt: Es ist ein neuer »false friend« in unsere Sprache aufgenommen worden; die neuen Englischlehrbücher weisen ausdrücklich darauf hin, dass kein englischer Muttersprachler, zumindest keiner, der des Deutschen nicht mächtig ist, etwa einen Satz wie »Can you give me your *handy number, please?« verstehen würde.

Ingrid Hodali, Düsseldorf

Handy

AUS DEM »DENGLISCHEN«

»Handy« täuscht die Einwanderung lediglich vor – das aber charmant und konsequent, finde ich. Man kommt ihm so leicht nicht auf die Schliche, und es gibt Anlass zu interkulturellen Lachern.

Eva Pritscher, München

Zensur

Tacheles reden

AUS DEM HEBRÄISCH-JIDDISCHEN

Tacheles reden ist für mich ein besonders wertvoller Begriff. Sprachlich ist er überaus einprägsam: Schon der Klang deutet an, worum es hier geht. Scharf und präzise sind die Silben gesetzt, wenig ist hier von taktischem Um-den-heißen-Brei-Herumreden zu spüren.

Unser tägliches Geschäft in der Politik bringt leider ab und an mit sich, dass wir eben nicht Tacheles miteinander reden können – zumindest nicht, wenn das Gespräch quasi öffentlich stattfindet. Hier gilt es, zumeist vorsichtig zu formulieren und keine ungewollten Schlagzeilen zu produzieren. Am Kabinettstisch freilich, hinter verschlossenen Türen, kommt diese Form der offenen Kommunikation öfter zustande. Zum Glück. Denn für die Themen, die dabei besprochen werden, ist das wohltuend und effizient. Würden wir nicht ab und zu Tacheles reden, hätten wir es viel schwerer damit, letztlich auch Entscheidungen zu treffen, zu denen wir stehen können.

Annette Schavan, Bundesministerin für Bildung und Forschung

erschienen in
WELT KOMPAKT

Tacheles

AUS DEM JIDDISCHEN

Ja, ich habe wirklich ein Lieblingsfremdwort: TACHELES reden. Dieses Wort stammt aus dem Jiddischen und heißt »direkt und klar die unverblümte Wahrheit sagen«. Tacheles reden ist etwas, was ich persönlich sehr gerne tue und von anderen Menschen viel mehr erwarte. Meiner Erfahrung nach bringt ein Gespräch, eine Debatte, eine Diskussion, eine Auseinandersetzung etc. nichts, wenn die Protagonisten um den heißen Brei herumreden, weil sie aus vielerlei Gründen Angst haben, die Wahrheit zu sagen, oder zu feige sind, ihren Standpunkt ehrlich und offen auszudrücken. Leider erlebe ich das zu oft gerade bei der Integrationsdebatte, egal ob es um »den Islam« oder um das Zusammenleben der Kulturen geht. Dabei funktioniert das Zusammenleben von Menschen erfahrungsgemäß besser, wenn man weiß, woran man ist. Das offene und deutliche Wort ist zu einem wichtigen Bestandteil in meinem Leben geworden, das Wort »Tacheles« schon sehr lange zu meinem Lieblingsfremdwort.

Seyran Ateş, Rechtsanwältin und Autorin

Kokolores

VERMUTLICH AUS DEM HUHNISCHEN

Nach Aussagen der Gesellschaft für deutsche Sprache geht der Ausdruck Kokolores vermutlich zurück auf den Schrei des Hahns. Damit hat der Ausdruck definitiv Migrationshintergrund, denn er ist zwar nicht zwischen menschlichen Sprachen, doch zwischen biologischen Arten migriert. Eine Kommentierung weiter Bereiche des politischen und wirtschaftlichen Lebens ist dem aufgeklärt kritisch Denkenden heute ohne den Ausdruck Kokolores kaum mehr möglich. Seine zugleich analytische wie emotional befreiende Macht entfaltet der Ausdruck aber durchaus auch in anderen Bereichen wie etwa bei Spielerinterviews nach Fußballspielen.

Susanne Fischer, Hamburg

DER WORTE SIND NIE GENUG GEWECHSELT!

»Wer fremde Sprachen nicht kennt, weiß nichts von seiner eigenen.« Und wie recht doch der große Meister Goethe wieder einmal hatte! Oder wüssten Sie auf Anhieb, dass Sie sich schon an einem einfachen Frühstückstisch aus Kaffee, Joghurt und Schoko-Müsli bereits im Arabischen, Türkischen und Aztekischen bedient haben? Auch der Inhalt Ihres Kleiderschranks – ob Anorak, Pyjama, Negligé – nimmt Sie auf eine kleine Weltreise mit, in diesem Fall nach Grönland, Indien oder Frankreich. Selbst mancher Ausdruck, der sich zunächst ur-deutsch anhört, wie »Tollpatsch«, »Schlamassel« oder »Engel«, könnte bei genauerer Nachfrage seinen ungarischen, jiddischen oder griechischen Migrationshintergrund nicht mehr leugnen.

Wie jede Sprache dieser Erde beherbergt auch die deutsche unzählige Leihgaben aus aller Welt. Und wie es mit Leihgaben manchmal so ist: Kann man sie besonders gut gebrauchen oder gefallen sie einem einfach besser als das, was man selbst hat, dann gibt man sie irgendwann einfach nicht mehr her! Natürlich wäre es schade, wenn unser Leben nur noch aus Backshop, Infopoint und Flowerpower bestünde. Das »Denglisch« in Freizeit, Arbeitswelt und Popkultur – ebenso wie der Möchtegern-Weltenbürger, der sich durch diesen Kauderwelsch nicht selten selbst der Lächerlichkeit preisgibt – ist jedoch meist kaum lästiger, als der selbst ernannte Sprachwächter, der bei jedem Open-Air-Konzert oder in jedem Chatroom gleich den Untergang der Sprache der Dichter und Denker vermutet.

Denn diese wäre arm dran, wenn sie auf all die Schätze verzichten müsste, die ihr Wortmigranten aus nah und fern schon seit jeher in den Schoß legten und zur kreativen Integration freigaben. So sprach sich seinerseits auch Goethe schon dafür aus, Fremdwörter nicht von vornherein zu verdammen, sondern produktiv aufzunehmen, der eigenen Sprache einzuverleiben und diese dadurch zu vervollkommnen: »Die Gewalt einer Sprache«, so Goethe, »ist nicht, dass sie das Fremde abweist, sondern dass sie es verschlingt.« Und weiter: »Ich verfluche allen negativen Purismus, dass man ein Wort nicht brauchen soll, in welchem eine andre Sprache (...) Zarteres gefasst hat.«

Und so zeigen auch die Einsendungen zum Wettbewerb »Das beste eingewanderte Wort« – deren schönste Blüten in diesem Buch zusammengefasst sind –, dass die Favoriten sich meist entweder durch eine besonders schöne Lautmalerei und Klangfarbe hervorheben, die der deutsche Ausdruck an dieser Stelle nicht zu leisten imstande ist: wie bildlicher etwa das »Tohuwabohu« als selbst das heilloseste Durcheinander! Oder aber sie versprühen unerklärlicherweise einfach mehr Exotik, Erotik oder Zauber als das deutsche Äquivalent: So scheint es etwa nahezu unmöglich, sich in einer schlichten Mittagspause ebenso wohlig in der Sonne zu aalen, wie in einer ausgedehnten Siesta. Oder der Hauch des Verruchten und Verbotenen, den uns hübsche Dessous noch bereitwillig versprechen mögen – wo bleibt er beim biederen Klang von Nachthemd und Unterwäsche? Und schreiben wir einem flotten Single nicht wesentlich mehr Energie und Lebensfreude zu als seinem traurigen, alleinstehenden Nachbarn?

Sowohl Aufnahmebereitschaft als auch Integrationskraft der deutschen Sprache erscheinen mir wenn auch nicht größer, zumindest aber selbstverständlicher und zwangloser, als das Miteinander ihrer Sprecher. In einer Zeit, in der Polemiker zuweilen auf die vermeintliche »Reinhaltung« der jeweils eigenen Sprache und Kultur pochen und vor »Überfremdung« warnen (ein Phänomen, das sich bei Weitem nicht auf Deutschland beschränkt), bietet dieses Buch all jenen Lesern Trost und Freude, die jenseits aller ebenso überspitzten wie sinnlosen Debatten schlichtweg Spaß am faszinierenden Facettenreichtum der deutschen Etymologie haben. Denn dass unsere Sprache in fast allen Bereichen des Lebens längst durchtränkt ist von »Wörtern mit Migrationshintergrund« – die wir oft gar nicht einmal als solche erkennen –, kann nur jemand ignorieren oder missbilligen, der sich innerhalb seines Tellerrandes häuslich eingerichtet hat.

Die Geschichten in diesem Buch jedoch sind – wie schon in dem Vorgänger »Ausgewanderte Wörter« – geprägt von persönlichen Assoziationen, Kindheitserinnerungen und manchmal sogar regelrechten Liebeserklärungen an ein bestimmtes »Fremdwort«, das dann so fremd gar nicht mehr sein kann. Und sie bieten dadurch einen viel liebenswerteren Einblick in das Faszinosum Wörterwanderung, als es ein lexikalisches Nachschlagewerk jemals könnte.

Also, liebe Ferien, lieber Bikini und liebe Schokolade; liebes Plumeau, liebes Büro, und ja, auch lieber Moloch! Willkommen in der deutschen Sprache! Macht es euch gemütlich.
Linda Csapo, Journalistin

blümerant

AUS DEM FRANZÖSISCHEN

In Frankreich des 19. Jahrhunderts wurde einem nicht »schwarz vor Augen«, sondern blau, kurz bevor man sich durch eine Ohnmacht kurzzeitig von den Pfeil und Schleudern des Schicksals zurückzog. Die exakte Bezeichnung des Farbtons lautete mithin »bleu mourant«, also »sterbendes Blau« (wie unvergleichlich vornehm!). Das Deutsche erreichte der Farbton als »blümerant«.

Zwar ist die farbliche Bedeutung des Wortes verloren gegangen und die Ohnmacht als akzeptierter Rückzug aus dem Ungemach der Welt verschwunden. Doch ist uns das »blümerant« geblieben, dieser nicht anders zu beschreibende Zustand des Unwohlseins, im zartbitteren Niemandsland zwischen Genuss und Leid irgendwo zwischen Schwindel und Übelkeit.

Jakob Hein, Schriftsteller

erschienen in
WELT KOMPAKT

blümerant

AUS DEM FRANZÖSISCHEN

Die Großmutter meines Mannes gebrauchte viele aus dem Französischen entlehnte Wörter. Sie ist 1897 geboren und hat Niederbayern nie verlassen. Portemonnaie, Trottoir, Parapluie, aber auch Parasol gebrauchte sie ständig. Als Frau im 60. Lebensjahr klagte sie oft, ihr sei wieder blümerant. Damals kam mir sowohl der Ausdruck als auch der Zustand des Blümerantseins unangepasst vor. Heute, selber in dem Alter und in den Wechseljahren, erscheint mir die Bezeichnung für solche Zustände liebenswert. Damals sprach man als Frau nicht über weibliche Unzulänglichkeiten. Außerdem trug Uroma bis zu ihrem Tod im 90. Lebensjahr ein Schnürkorsett, das sie sehr aufrecht hielt und ihr zu einer imposanten Erscheinung verhalf. Möglicherweise hat auch dieses unbequeme Kleidungsstück die blümeranten Zustände noch befördert. Die Urenkel stellten übrigens eine Verbindung zu den roten Flecken an Hals und im Gesicht her – die Uroma hatte Blümchen.

Herta Haslinger, Rotthalmünster

matt

AUS DEM ARABISCHEN

Das Wort »matt«, aus der arabischen Sprache stammend, tarnt sich in der deutschen Sprache so gut, dass ich, selbst als ich schon wusste, dass der Bestandteil »matt« in »schachmatt« aus dem arabischen »meta« = »tot« abgeleitet ist, dachte, es gäbe eine Parallelentwicklung. Matt, ermatten, Mattheit … das klingt so urdeutsch! Gut getarnt, arabisches »tot«, dafür hast du im deutschen Sprachgebrauch etwas von deiner Endgültigkeit eingebüßt!

Ute Scharmann, Erkrath

Hals- und Beinbruch

AUS DEM JIDDISCHEN/HEBRÄISCHEN

Beim Abschluss eines Geschäfts wünschten sich die Juden früher auf Jiddisch »hazloche un broche«, abgeleitet vom hebräischen »hazlacha uwracha«, was »Erfolg und Segen« bedeutet. Damit konnten die Deutschen, die dies hörten, nichts anfangen und formten es zu »Hals- und Beinbruch« um.

Besonders schön finde ich diese Redewendung, da durch die Anlehnung an die deutsche Sprache als Resultat eigentlich ein vollkommen anderer Sinn entstanden ist.

Trotz negativer Aussage wird diese Redewendung jedoch als positiv empfunden und ist – im besten Falle – auch so gemeint.

Claudia Linden, Schriesheim

Engel

AUS DEM GRIECHISCHEN

Der geflügelte Gottesbote hat sich sanft und leise in der deutschen Sprache und Symbolwelt niedergelassen. Er ist in Träume, Bräuche, Fensternischen und Kirchen geflogen. Er hat lächelnd Grenzen, Kulturen und Zeiten durchschritten. Überall war und ist er willkommen und ihm öffneten sich Welten und Herzen. Fremd ist er schon lange nicht mehr bei uns. So schön kann Migration sein.

Klaus Göldner, Maxhütte-Haidhof

Schutzengel

M.M.
CLOSED
SPORT
Inkognito

Pseudonym

AUS DEM ALTGRIECHISCHEN

Das Wort meldet sich zu Wort:
Es ist mir peinlich, mich selbst zu rühmen. Am liebsten würde ich unter einem Decknamen schreiben. Aber wenn ich, der »fälschlich so Genannte«, unter einem fingierten Namen die Vorteile der Tarnnamen preise, denken natürlich alle gleich an mich – Sie auch.

Ich bin ein Grieche im doppelten Sinne – und somit ein doppelter Einwanderer. Zugegeben: Unentbehrlich bin ich nicht. Aber aus ewiger Sehnsucht nach meiner Heimat schöpfen die modernen Menschen noch immer aus dem Altgriechischen. So werden auch meine zwei Wortteile »pseudos« (die Lüge) und »onoma« (der Name) rege benutzt.

In Politiker- und Künstlerkreisen, insbesondere in der Literatur, habe ich bisher unschätzbare Dienste geleistet und auch heute bin ich gefragt, begehrt.

Was sind die Beweggründe für meine Anwendung? Private Identität verbergen, einen wohlklingenden Namen haben, mehr persönliche Sicherheit gewährleisten etc.

Viele Persönlichkeiten waren zufrieden mit meinen Diensten und wurden über alle Maßen berühmt – dank mir, mit mir.

Als Referenzen kann ich mit einigen Realnamen dienen:
Mary Westmacott
Sholem Yakov Rabinowitz
Rosine Bernard
Herbert Ernst Karl Frahm
Ellis Bell
Abu Ammar
Samuel Langhorne Clemens
Giuseppe Balsamo
etc.

In Deutschland bin ich namensrechtlich geschützt (§ 12 im BGB) und werde sogar als rechtsverbindliche Unterschrift akzeptiert. Gibt es eine glänzendere Laufbahn für eine Lüge?

Anna Santora, Adligenswil, Schweiz

Dolmetscher

AUS DEM TÜRKISCHEN

Das Deutsche hatte kein Wort für den Vermittler zwischen Deutschen und Anderssprachigen. Dass es sich dieses Wort aus einer so fremden Sprache wie dem Türkischen geliehen hat, ist für mich ein Zeichen von Weltoffenheit und Verständigungswillen.

Angela Rietdorf, Mönchengladbach

Souffleuse

AUS DEM FRANZÖSISCHEN

Was wäre das deutsche Theater ohne den Souffleur oder die Souffleuse im Souffleurkasten! Nichts! Ein Drama! Der Souffleur flüstert dem Empfänger Text ins Ohr und das nicht auf Französisch und auch nicht in Form eines Soufflés. Welch wundervolles Wort, welches so schön klingt und dabei als Person gleichfalls hilfreich ist!

Juliane Herder, Frankfurt am Main

Dolmetscher

AUS DEM TÜRKISCHEN

Bedeutet wörtlich wohl: einer, der mit der Sprache (Zunge) umgeht, aber man kann sich das so schön blumig vorstellen; der Herr der Zungen etwa. Außerdem ist es schön, wenn der, der mit Fremdsprachen umgeht, selbst aus einer kommt.

Karin Dunin von Przychowski, Zaragoza, Spanien

Trainer

AUS DEM ENGLISCHEN

Ausschlaggebend für meine Wahl war die Bemerkung eines Bekannten, als wir über Anglizismen in der deutschen Sprache redeten. Er meinte dazu, man müsse doch jetzt nicht jeden Trainer »Coach« nennen. Dass das Wort »Trainer« ebenfalls englisch ist, war ihm nicht mehr bewusst.

Marion Schwering, Dorsten

Ombudsmann

AUS DEM SCHWEDISCHEN

Lassen wir dieses Wort ganz langsam über unsere Lippen gleiten … Schon stellt sich ein Gefühl der Geborgenheit ein. Vielleicht hören wir unbewusst das buddhistische »Ommmm…« heraus, das uns mit dem ganzen Weltall klanglich verbindet.

Schon wird auch klar, dass es sich mit »Vertrauensmann« wohl nicht übersetzen lassen wird. Das klänge viel zu sehr nach »Vertrauensarzt«, zu dem gerade der Patient das geringste Vertrauen hat. Der Ombudsmann ist ja auch mein großer, starker Bruder, Anwalt, Lobbyist, Schutzengel und personifizierter Petitionsausschuss.

Sicher verbinde ich auch ein Stück Wahrhaftigkeit und Seriosität der schwedischen Demokratie mit dem Ombudsmann. Gut, dass hier ein Stück Ehrlichkeit und Zuverlässigkeit aus dem Land der klaren Luft, der sauberen Flüsse und des völlig selbstverständlichen menschlichen Umgangs miteinander zu uns eingewandert ist.

Reinhard Walter, Zirndorf

Sauna

AUS DEM FINNISCHEN

Saunas werden auch in Deutschland immer beliebter. Aber wären sie das auch, wenn sie »Schwitzbad« oder »Heißluftbad« hießen? Das sind schreckliche Wortungetüme, die sich nicht nur schweißtriefend anhören, sondern auch nach ungemütlicher Rosskur klingen.

Zum Glück ist das finnische »Sauna« ins Deutsche eingegangen – und das nahezu ohne nötige Angleichungen in Aussprache oder Schreibung, praktisch problemlos, wenn man davon absieht, dass Uneinigkeit beim Plural besteht.

Und wie schön, dass die Finnen nicht »hikoilukylpy« sagen (Schwitzbad); das hätte man dem Deutschen nur schwer zumuten können ...

Dieter Hermann Schmitz, Vuorentausta, Finnland

Bio

AUS DEM GRIECHISCHEN

»Ist Bio ein deutsches Wort?«, habe ich junge Erwachsene ohne Abitur gefragt.

Unsichere Blicke. Ja, schon – oder doch eher ein englisches Wort? »Findet ihr, dass Bio schön klingt?« O jaaa! Da ist man sich einig. Sogar Biologie klingt viel schöner als das englische »bai-olle-dschii«, das sie auf die falsche Fährte geführt hat. Auch um weitere Fortsetzungen des Wortes »Bio« sind sie nicht verlegen: Biografie, Biomasse, Biogas, Biotechnologie. Und das, obwohl man nicht wirklich weiß, was das Wort wirklich heißt! »Gesundheit« wird vorgeschlagen und »Natur« ... Das ganze Wort heißt »Bios«, es ist griechisch und bedeutet »Leben«. Aber spätestens seit »Bio« auch auf Aldi-Gemüse steht, hat dieses Wort Wurzeln geschlagen in unseren Städten. Willkommen in Deutschland!

Marianne Bayer, Gießen

Recycling

AUS DEM ENGLISCHEN

Betrifft: Bewerbung um das beste eingewanderte Wort

Sehr geehrte Jurorinnen und Juroren!

Halt! Bitte hegen sie nicht gleich Vorurteile! Darf ich mich vorstellen: Mein Name ist »Rezückling« alias »Recycling« (sprich: Rießaikling). Ich gebe zu, ich bin nicht gerade das jüngste und attraktivste unter den Migrantenwörtern, wohl aber habe ich durchaus Qualitäten, zum besten gekürt zu werden.

Bereits Anfang der 80er-Jahre bin ich sozusagen als eine Art Gastarbeiter (oder Gastarbeiterin?) nach Deutschland eingewandert: In einer Zeit, in der man in meinem neuen Heimatland glaubte, das Waldsterben habe seinen Höhepunkt erreicht, suchten die Deutschen dringend Unterstützung, um gegen die sogenannte Umweltverschmutzung anzugehen. Für viele mag ich uninteressant, unspektakulär, ja geradezu abgedroschen klingen. Ich möchte jedoch klarstellen, dass ich etwas ganz Besonderes bin: Ich stamme nämlich aus Großbritannien, der Insel des Nachmittagstees, der Lunchpausen im Park, der Nannys (auch eine Migrantin, mit der ich aber leider gar nicht verwandt bin), der schwarzen Taxis, der Kaminsimse, der Rosen … und nicht zuletzt des feinen Humors.

Genauer gesagt komme ich ja aus England. Mit etwas Englischem haben sich die Menschen schon immer gerne schmücken wollen, gilt das Englische doch seit jeher als »das Besondere«. Deshalb – und wohl auch aus dem Grund, weil die Deutschen dringend eine feinere Bezeichnung für »Müllwiederverwertung« suchten – war ich besonders in den 80er-Jahren in meinem neuen Heimatland sehr beliebt. Heute bin ich leider manchen Menschen nur noch lästig, obwohl man mich angesichts der sogenannten Klimakatastrophe dringender braucht als je – nicht nur in Deutschland!

Dennoch fühle ich mich hier sehr wohl. Als nette Geste vonseiten Deutschlands möchte ich an dieser Stelle unbedingt erwähnen, dass man – obwohl ich nun schon so lange hier bin – bei meiner englischen Aussprache geblieben ist! Besonders stolz bin ich übrigens auf meinen Abzweig, das englische Verb »to recycle«: Ohne sich selbst aufzugeben, hat es sich nahezu dem deutschen Sprachgebrauch angepasst: Aus »to recycle« wurde zunächst »recyclen« und daraus wiederum »recyceln«. Na, wenn das kein Beitrag zur englisch-deutschen Freundschaft ist! (In Großbritannien hätte mir das längst den Adelstitel »Sir« oder »Dame« eingebracht!) Nun habe ich genug über mich geplaudert. (In diesem Zusammenhang möchte ich meiner Schreiberin Maggie Jung danken, dass sie mir Mut gemacht hat, mich bei Ihnen zu bewerben!) Jetzt sind Sie dran: Über eine – wenn auch späte – Ehrung (zum Beispiel der Aufnahme in die »Hall of immigrated words«) würde ich mich sehr freuen!

Mit freundlichen Grüßen

(gez.) »Recycling«

Margareta Jung, Simmerath

cool

Das Wort cool ist cool.

merci

AUS DEM FRANZÖSISCHEN

Einst wohl den napoleonischen Soldaten oder den »foinen« Leuten bei Hof abgeschaut, ist das Merci – nach der Wanderung seiner Betonung von der zweiten auf die erste Silbe und der Vokalabschwächung im Auslaut von »i« nach »e« – in die bairische Sprache der eher einfacheren Gesellschaft eingewandert. Was früher mal als fein galt, ist heute lässig – auch gut.

Konstantin Lauber, München

servus

AUS DEM LATEINISCHEN

Servus ist viel mehr als nur ein Gruß. Vordergründig erspart es uns Bayern – und auch unseren lieben Nachbarn in Österreich – nur das inflationär benutzte, viel zu harte und auch viel zu endgültig zischende »Tschüs«, das uns nur schwer über die harmoniebedürftigen Lippen gehen mag. In seinen Tiefen aber birgt das wohlklingende »Servus« noch viel mehr als das: Wenn man »tschüs« sagt, sagt man nichts anderes als: »Ich bin dann weg.« – Und tschüs! Mit dem Servus hingegen ist das ganz anders, das benutzt man auch, wenn man kommt. Servus ist quasi ein Garant dafür, dass man immer wieder kommt. Man sagt zum Abschied (leise) Servus und wenn man wiederkommt, sagt man es auch. Ist das nicht ein schöner, immerwährender Kreislauf? – Fast buddhistisch.

In seinen zahlreichen Kombinationen kann man mit dem Servus noch sehr viel mehr tun als nur Hallo und Tschüs sagen. »Servus, griaß' di« – »Ich grüße dich« oder »Servus, pfiat' di« – »Behüte dich (Gott)« oder auch »Servus, (ich) habe die Ehre«.

Mit einem entsprechend betonten »Ja servus, merci« oder »Na, servus« kann man dezent, aber doch sehr deutlich sein Missfallen kundtun. Typisch bayerisch eben. Am schönsten jedoch finde ich die Bescheidenheit, die Demut und den Respekt anderen Menschen gegenüber, die man mit einem einfachen Servus zum Ausdruck bringen kann: »Ich bin dein Diener.«

Stephanie Ottl, München

ciao

AUS DEM ITALIENISCHEN

»Ciao« ist auch für die Oberbayern leicht auszusprechen: breit, weich und vokalbetont. (Im Gegensatz zu »tschüs«: spitzer Mund, sehr anstrengend!) Gleichzeitig lässt es die große weite Welt und sogar etwas Bildung ganz lässig mitschwingen. Denn an diesem kleinen und unscheinbaren Wort kann man als verwöhnter Deutscher etwas Grundsätzliches lernen: Nicht in allen Sprachen wird so geschrieben wie gesprochen, wie im Deutschen weitgehend. Den Gruß »ciao« hatte ich natürlich schon häufiger gehört und auch selbst verwendet. Das gehörte vor 25 Jahren bei uns zum guten Ton. Es zeugte von Italienurlaubserfahrung, einem Synonym für sportliche Lässigkeit (Surfen am Gardasee) und dem Wissen darum, was schön (Mode und Kultur) und gut (Essen) ist. Aber als ich »ciao« in einem Jugendbuch das erste Mal geschrieben sah, konnte ich es nicht identifizieren. Das las sich wie »ziao« – und was kann das schon bedeuten?! Mit der Zeit aber selbst herauszufinden, dass dieses locker über die Lippen fließende Wort so eigentümlich geschrieben wird, war eine Erkenntnis, die mir auf Anhieb das richtige Lesen eines Großteils der italienischen Wörter ermöglichte und sich mir bis heute als große Freude an der italienischen Sprache erhalten hat.

Gabriele Störkle, Manching

tschüs

AUS DEM FRANZÖSISCHEN

Und tschüs?

Kommen Sie sich auch wie ein Dinosaurier kurz vor dem Aussterben vor, wenn Sie im Bistro statt eines Latte macchiato eine Tasse Kaffee bestellen? Sehen Sie, genauso fühle ich mich seit einiger Zeit, wenn ich mich nicht mit »ciao« oder sogar »ciao, ciao«, sondern mit dem Wort »tschüs« verabschiede.

Ja, ich gestehe, ich hänge an meinem Tschüs. Tschüs ist knapp und kantig, klar und monovokalisch-präzise. Es ist norddeutsch, wie ich also. Ich sage, was ich meine, und ich meine, was ich sage. Wenn ich gehe, bin ich weg, tschüs, Schluss. Alles einsilbig, deutlich, unmissverständlich, zuverlässig.

»Ciao« ist mit seinem Diphthong blumiger, exotischer, ist modern, jung, Trend, alles zugegeben. Aber seiner Familie eignet das Dienen, servus trennen nur zwei Buchstaben von servil! Zu Diensten, Euer Ehren?

Nein, ich nicht! Ich sage Tschüs und bin überzeugt, dass uns widerborstige Hugenotten mit diesem Wort beglückt haben, das gefällt mir!

Aber ich mache mir Sorgen, es zeigt der Blick in die Familiengruft, dass da schon ganz andere gelandet sind. In einem römischen Sarkophag ruht dort, die Knochen noch eben zu erkennen, »Ad deum«. Gleich daneben liegt in einem eleganten Marmorsarg Adieu. Dass zumindest dessen Zwillingsbruder Adjö noch immer ganz fit in Norwegen herumturnt, ist ein Hoffnungsschimmer. Und schließlich auf der anderen Seite der Gruft der Eichensarg, in dem Ade seine Ruhe gefunden hat – aber auch der darf schließlich noch ab und zu in Schwaben als Wiedergänger erscheinen. Ganz schön lebendig ist ja noch der rheinische Bruder Tschö.

Sehe ich also die Dinge zu schwarz?

Vielleicht, aber ich will tun, was ich kann. Ich verspreche hiermit feierlich: Tschüs wird nicht vor mir in die Grube fahren, höchstens mit mir – aber nur, wenn's ganz schlecht läuft – für uns beide.

Christiane Hobrecht, Much

PYJAMA UND FIRLEFANZ

Die Suche nach dem besten eingewanderten Wort ist beendet.

Trotzdem fallen einem jeden Tag jede Menge weitere eingewanderte Wörter auf, die man zuvor noch nicht beachtet hatte. Nachdem man über vier Monate intensiv auf die Herkunft von Wörtern geachtet hat, ist man sensibilisiert und jedes passend in den Sprachgebrauch eingewanderte Wort wird mit Genugtuung bemerkt und mit einem Lächeln begrüßt.

Nicht jeder hat ein etymologisches Wörterbuch. Mancher, der am Wettbewerb teilgenommen hat, wird sich vielleicht eines gekauft oder im Freundeskreis herumgefragt haben. Denn die anspruchsvolle Aufgabe des Wettbewerbs war es, neben der Nennung eines eingewanderten Wortes auch dessen Herkunftssprache anzugeben und eine Begründung zu verfassen, warum gerade dieses zum »besten« eingewanderten Wort zu küren sei.

Wodurch wird ein eingewandertes Wort unentbehrlich für die deutsche Sprache? Warum setzt es sich mitunter sogar gegen bereits vorhandene Wörter durch? Ist es der schönere Klang oder die Kürze? Bringt es das Gemeinte präziser auf den Punkt oder weckt es gar individuelle Assoziationen? Der französische Anklang ist es wohl, der einem einen Besuch im »Restaurant« verlockender erscheinen lässt als in einer »Speisegaststätte«; den »Pullover« zieht man in der Regel auch in der Öffentlichkeit über, während der »Überzieher« doch eher intime Assoziationen weckt. Das Wort »okay« macht in allen Lebenslagen eine gute Figur und erlaubt uns, in aller Schnelle Dinge für »in Ordnung« zu befinden. Mit dem französischen Wort »Rendezvous« drückt man nicht nur schöner und romantischer aus, dass man ein »Treffen« oder eine »Verabredung« hat, gibt es doch auch präziser an, um was für eine Art »Treffen« es sich handelt. Keiner würde hier auf die Idee kommen, zu fragen, ob er mitkommen kann, zu diesem Tête-à-Tête.

Zu gewinnen gab es eine Reise in das Herkunftsland des eingereichten Wortes, was die Häufigkeit von Wörtern, die, wie beispielsweise das Tabu, aus dem Polynesischen oder wie die Tomate aus dem Aztekischen ins Deutsche eingewandert sind, vielleicht erhöhte. Die Schokolade, die aus Mexiko zu uns kam, nimmt mit Platz drei der häufigsten Nennungen einen Platz ein, den sie als süße Köstlichkeit mit Sicherheit auch dann erreicht hätte, wenn nicht eine Reise ins Land der Azteken gewinkt hätte. Platz zwei beansprucht das hebräische Tohuwabohu. Als augenzwinkernde Kritik am heillosen Durcheinander besticht es vor allem durch seinen Klang.

Mit über 200 Einreichungen ist das Wort »Fisimatenten« das am häufigsten genannte Wort. Viele der Einreicherinnen und Einreicher hat sicher der unwiderstehliche, mit diesem Wort eng verknüpfte, volksetymologische Einwanderungsmythos fasziniert.

Gefreut hat uns die ernsthafte Herangehensweise, mit der sich viele auf die Suche nach der Herkunft »ihres Wortes« gemacht haben, und die große Begeisterung insbesondere für Wörter, deren »Migrationshintergrund« nur bei genauem Hinsehen und dann wie eine exotische Entdeckung aufblitzte. Die Begeisterung bei der Enttarnung von Überraschungskandidaten wie z. B. der nur allzu gut in den deutschen Garten passenden Hängematte war offenbar so ansteckend, dass einem auf Partys der Gesprächsstoff nun nicht mehr so schnell ausgehen wird. War bei dem letzten Wettbewerb, bei dem nach »ausgewanderten Wörtern« gefahndet wurde, noch von »Fundstücken« die Rede, so stellte sich dieser Wettbewerb eher wie ein voller Kirschbaum dar, bei dem man nicht weiß, wohin man zuerst greifen soll.

Ganze Generationen von Einwanderern haben sich herauskristallisiert. Im 18. Jahrhundert parlierte man Französisch, heute hilft das Englische, im Chatroom die passenden Worte zu finden. Die jüngeren Neuzugänge aus Nordamerika werden dabei häufig als zweckmäßig empfunden, während die große emotionale Leidenschaft eher für Einwanderer aus dem Jiddischen und dem Französischen glüht. Oft wurden diese Wörter mit dem Hinweis versehen, man kenne sie noch von den Großeltern. Die eingewanderten Wörter sind also gar nicht so abstrakt, wie das bürokratische »Fremdwort« es vermuten lässt. Die Wörter haben durch ihren Aufenthalt auch einen emotionalen Wert bekommen, man kann und will nicht mehr auf sie verzichten.

Um bei der Leidenschaft zu bleiben – ebenfalls besonders emotional vorgetragene Plädoyers kamen von den Jugendlichen, die ganz selbstverständlich Wörter wählten, die für sie einen sympathischen Klang haben. »Es hört sich gut an« war eine der häufigsten Begründungen bei den Jüngeren.

Angesichts der Verschmitztheit und der Kreativität vieler Einreichungen war die Gestaltung des vorliegenden Buches und die Anordnung der Beiträge eine reine Freude. Sätze wie »Tu doch den Bikini ins Paradies!«, »Ne, da sind schon der Jaguar und das Zebra, lieber in die Boutique, zum salopp und todschick«, die dabei fielen, spiegeln dies wider.

Zum Ende der Ausschreibung wurden wir mit Einreichungen überschüttet. Auch nach dem 3.400sten Wort kamen noch neue und bisher unentdeckte Kandidaten für den Titel des »besten eingewanderten Wortes« an. Und so war der Jury ob der vielen und begeisternden Einreichungen keine leichte Aufgabe gestellt, sich für die schönsten, leidenschaftlichsten und interessantesten Begründungen zu entscheiden. Dass sie es dennoch gewagt hat, ist ihr hoch anzurechnen.

Das Wissen über die Herkunft manch eines Wortes hat denn auch das »Bild im Kopf« verändert. Der Snob, den man vielleicht automatisch mit einem Adelstitel in Verbindung brachte, wird entlarvt als genau das Gegenteil. Ein reicher Schnösel zwar, aber eben gerade ohne Adelstitel.

Derlei Entdeckungen regen an, Sprache zu hinterfragen. Haben Sie sich nie gefragt, warum man jemandem, dem man nichts Böses will, »Hals- und Beinbruch« wünscht? Oder weshalb etwas »todschick« sein sollte? Das Buch gibt Anregungen zum Weiterforschen. Unsere Sprache ist lebendig, erneuert sich stetig, tauscht sich aus und gibt so manches Mal Anlass zu interkulturellen Entdeckungen.
Rolf C. Peter, Anita Boomgaarden, Projektleitung, Goethe-Institut

Foto: Tai Lüdicke

MARIE MARCKS

KARIKATURISTIN UND AUTORIN

Marie Marcks wurde am 25. August 1922 in Berlin geboren. Ihr Vater war Architekt, ihre Mutter war Grafikerin und führte eine eigene private Kunstschule. Ihr Onkel war der Bildhauer Gerhard Marcks.

Nach dem Abitur 1941 leistete Marie Marcks Arbeits- und Kriegshilfsdienst. Ab 1943 studierte sie dann einige Semester Architektur in Berlin und Stuttgart, brach das Studium aber – »zum Glück«, wie sie selbst sagt – 1945 ab. Marie Marcks hat fünf Kinder und hatte somit viele Jahre Hausfrauen- und Mutterdasein, davon etliche auch ehe- bzw. mannlos.

Seit 1948 lebt und arbeitet sie als selbstständige Künstlerin in Heidelberg. Anfang der Sechzigerjahre machte sie Buch- und Kinderbuchillustrationen, von 1963 bis 1966 erste Karikaturen für die wissenschaftspolitische Zeitschrift »Atomzeitalter«. Von 1965 bis 1988 veröffentlichte sie allwöchentlich tagespolitische Karikaturen in der »Süddeutschen Zeitung« und zeichnete Karikaturen u. a. für »Vorwärts«, die »Zeit«, den »Spiegel« und die »Titanic«. Dabei beschäftigte sie sich auf vielfältige Art und Weise mit gesellschaftspolitischen und wissenschaftskritischen Themen, mit der Friedensbewegung und dem Neonazismus, mit der Migrationsproblematik und der Emanzipation, um nur einige zu nennen.

In diesen Genres wurde sie zur bedeutendsten Karikaturistin der Bundesrepublik Deutschland. 2002 wurde Marie Marcks für ihr Lebenswerk der renommierte Göttinger Elch verliehen. Das Bundesverdienstkreuz hatte sie schon.

Marie Marcks veröffentlichte 37 Bücher, darunter eine Reihe »autobiographischer AUFZEICHNUNGEN«: *Marie, es brennt!* 1995/*Alle dürfen, bloß ich nicht.* 1976 (»mein Leben mit halbwüchsigen Kindern«)/*Du siehst nie, was ich für dich tue!* 1997 (»mein Leben mit erwachsenen Kindern«)/*Hast du jetzt den Überblick?* 2002 (»über PISA«) und *Niemand welkt so schön wie du.* 2005 (»für meine Kinder, wenn sie in die Jahre kommen«), alle im Kunstmann Verlag, München, erschienen.

Marie Marcks gestaltete unzählige Ausstellungen weltweit (*Weltausstellung,* Brüssel, 1958, Abt. Bauen und Wohnen/*Atoms for Peace,* Genf, 1964, Beitrag der BRD u. v. a.), fast immer in Verbindung mit Vorträgen und Lesungen. Zwischen 1982 und 1992 war sie allein mit Ausstellungen für das Goethe-Institut in »fast aller Damen und Herren Länder auf mindestens drei Kontinenten«.

»Es freut mich sehr, daß nach so langen Jahren wieder ein so schönes Projekt mit dem Goethe-Institut zustande gekommen ist – dieses Buch!«, sagt Marie Marcks.

3. 2. 1. | Die letzten Ziffern
2012 11 10 09 08 | bezeichnen Zahl und Jahr des Druckes.
Alle Drucke dieser Auflage können, da unverändert,
nebeneinander benutzt werden.
1. Auflage

Verlagsredaktion: Hans Hillreiner, Susanne Schindler, Hueber Verlag, Ismaning
Redaktion Goethe-Institut: Rolf C. Peter, Anita Boomgaarden,
Laura Hartz, Maria Diedrich
Korrektorat: Christian Stang, Regensburg
Illustrationen: Marie Marcks, Heidelberg
Gestaltung: Matthias Schilling, d-signbureau, Starnberg
Umschlag: Parzhuber und Partner, München
Herstellung: Mazzetti & Mazzetti GmbH, München
Reproduktion: Niemann & Steggemann GmbH, Oldenburg
Druck und Bindung: Firmengruppe APPL, aprinta druck, Wemding
Printed in Germany
ISBN 978-3-19-207891-0

GOETHE-INSTITUT Deutscher Sprachrat DUDEN Hueber Studiosus WELT KOMPAKT

INDEX